物流業界
立て直しバイブル

なぜ日本の物流は疲弊しているのか?

物流コンサルタント
岡 卓也

東洋経済新報社

はじめに

物流はいまや時代を象徴するキーワードだ。いつの時代にも、その動向に熱い視線が注がれ、脚光を浴びる産業やビジネスが存在するが、２０２０年のいま、物流は間違いなくその一つといっていいだろう。ビジネス誌では物流特集がたびたび組まれ、一般の視聴者向けに物流をわかりやすく解説するテレビ番組が増え、物流をテーマにした書籍も多数刊行されている。物流を効率的に管理する戦略的仕組みを意味する「ロジスティクス」という専門用語も広く認知されてきた。物流は、ＡＩやＩｏＴに並ぶトレンドキーワードといっても過言ではない。

だが、その内状に目を向ければ、物流業界は危機的状況にある。業界の99％を占める中小企業は苦境が続き、青息吐息。疲弊の色が増し、物流サービスの安定供給に黄色信号が灯っている。

なぜ、物流業界は危機に直面しているのか。

物流は著しい進化を遂げている。今日注文すれば、明日には荷物が届く。ときには注文当日に手にすることも不可能ではない。配達時間を細かく指定することも、再配達を依頼することも当たり前。利用者は高度なサービスを当然の権利だと考えている。

アマゾンジャパン（以下、アマゾン）に代表されるような本来は荷主である巨大企業が圧倒的な物流サービスモデルを主導してきた結果、何が起きたかといえば、顧客と荷主の期待値の上昇だ。期待値は上がり続け、上昇レベルは「青天井」という言葉がふさわしい。

しかも、その高い期待値はＢ２Ｃ（以下、２＝toを表す）市場だけにとどまらず、Ｂ２Ｂ市場にも伝染していった。高度な物流を期待する顧客や荷主、それに応えるためにもがき苦しむ物流会社。この構図が日本の物流に暗い影を落としている。

物流業界にも業界ならではの重層的な構造が存在し、中小の物流会社は荷主や幹事会社の下請け、孫請け、ひ孫請けという形で業務を営んでいることが多く、上流からの依頼にノーということが難しいのが現状である。大げさにいえば、依頼に応えられなければ仕事を失う。失いたくなければ薄利多売の人海戦術で対応していくしかない。まさに物流版チキンレースだ。

中には、この現状を前向きにチャンスと捉える上昇志向の物流会社もあるが、その数は決して多くない。苦しいながらもなんとか仕事をやりくりし、現状を維持できればいいと考える物流会社が多いと感じる。

だが、この現状維持マインドは危険といわざるを得ない。安定的な環境であれば、現状維持は選択肢となり得るが、物流への要求水準が上がり、サービスが向上し、競合が成長を続け、拡大基調にある中での現状維持はいわば「衰退」を意味するだろう。

現状を打開しようとするなら、まずは思考停止に陥らないこと。封建的な側面もある業界であるためか、社内においても上からいわれたことをただやるだけで、なぜこの業務が必要なのかを考えないまま行動する悪しき習慣が染みついている。衰退を防ぎ、物流サービスの安定供給を実現するには、自らが置かれた状況を知り、物流会社としていまやるべきことは何なのかを明らかにして、一つずつ実践していくしかない。

顧客や荷主の期待値は依然として上がり続けているが、すべての物流会社がその期待値を難なくクリアするのは困難であろう。可能であればそこを目指してもらいたいが、そうでなければ闇雲に追随してしまうと、現在提供しているサービスすら疎かになり、結果として顧客満足度が低下してしまう恐れもある。

中小の物流会社がまず行うことは自社のポジションを理解し、自らが抱えている問題点を把握して、やるべきことを着実に進めていくことだ。自らの立ち位置を知ることは、我々が健康診断を受診するのと同じである。健康診断を受けなければ私たちは自分の体の問題点を正確に知り、病気への対策を的確に講じることもできない。

同じように物流会社にも健康診断が必要だ。診断を通して、いま自社がどのポジションに立ち、どんな問題点を抱えているのかを掴む。これこそが物流チキンレースから脱する第一歩だ。

残念ながら疲弊している物流会社の多くは、このような健康診断を受けていない。自分の体がどれだけ悪いのかを把握しないまま、「なんとか現在の体調を維持できれば」と漠然と考えている。そして、自らの症状にマッチしない高度なＩＴシステムを特効薬と信じ、いきなり導入した結果、宝の持ち腐れとなってしまったケースを見聞きする。ＩＴシステム導入の効果を最大化したいのであれば、まずは基礎体力を向上させること。すなわち、自社の症状にふさわしい改善を行うことである。

本書では、物流業界の現状や問題点を明らかにした上で、物流会社としての現在地を知るための診断方法、基礎体力向上のための指針やポイント、物流会社としていまやるべきことについて具体的に解説している。

その際、物流サービスの「平均値」は一部の企業によって高く引き上げられてしまっているため、中小の物流会社がいきなりそこを目指すとかえって疲弊してしまう。まずは「中央値」、つまり物流会社として満たすべきレベルを目標に置くことである。本書は物流サービスの中央値の底上げを主目的としているため、一部の企業ではすでに実施していることもあえて記載している。

またその上で、荷主や顧客の立場からもやるべきことについて提言した。物流会社だけでは日本の物流は改革できない。

本当に正しい物流とは何なのか。物流業界を危機的状況から救い出すためには、物流会社、荷主、顧客の三位一体での意識改革とサービスの適正化が必須だ。

物流チキンレースが進行して久しい。ここからいかに事業を継続していけるのか、どう生き残っていけばいいのか。そうした悩みを抱える物流会社、そして荷主、顧客に向けて具体的かつ実践的な改善プランを紹介している。本書をぜひ「日本の物流サービス安定化の処方箋」としてフル活用していただきたい。

目次

第2章　物流業界「健康診断」のすすめ

第3章

〈実践〉物流企業が取り組むべきこと

具体的な改善視点：輸配送編

第4章

荷主視点、顧客視点から考える物流の安定供給

第5章　すべては物流の安定供給のために

第1章

物流業界、物流サービスの変遷

巨大企業が牽引するチキンレース

物流業界はいま、チキンレースの真っ只中にある。

今日、物流サービスの発展は目覚ましい。消費者は今日注文した商品を翌日には手にすることができるようになった。たとえ電球1個でも届けてくれるため、わざわざ買いに出かける手間も省ける。

痒い所に手が届く細やかなサービスによって物流件数は急増し、２０１８年度の宅配便取扱個数は43億７０１万個（国土交通省調べ）に達した。２０１０年度には32億１９８３万個であったから、８年で約34％も増加したことになる。宅配便だけでこれだけの取り扱いがあるのだから、傍から見れば物流業界は好調といえるだろう。

しかし、その裏で巻き起こっているのがチキンレースだ。アマゾンに代表される巨大企業が競うようにして生み出した圧倒的なサービスが脚光を浴びることで、世間の物流サービスに対する期待値は跳ね上がった。

物流業界のほとんどは中小企業だ。彼らは大手企業が繰り出すサービス合戦に必死にしがみついている。そうしなければ淘汰されてしまうからだ。

しかも、物流件数の増加は労働力の需要を押し上げ、物流業界は深刻な人手不足に陥っている。物流会社の多くが過酷な労働環境の中でのチキンレースを強いられているのである。

私はビジネスコンサルタントとして長年、多様な視点で物流を見てきた。物流企業は勿論、製造業、卸売業、小売業の大企業、中小企業など様々なクライアントに対して、物流・ロジスティクス領域を中心に戦略立案、業務改善、改革に着手してきた。ロジスティクスとは、輸送・保管・荷役・包装・流通加工・ＩＴシステムといった物流の６大機能をムダなく有機的に繋げることでビジネス全体の流れを最適化（整流化）するための仕組みと定義している。

最近はロジスティクスの効率化が脚光を浴びている一方、物流業界が危機的な状況に陥ったことで、安定供給が危ぶまれている。特に大多数を占める中小の物流企業が悲鳴を上げている。安定供給ができる環境を全方位で整えていかなければ、物流サービスに未来はない。

そこで本書を通して物流業界、そして世間への意識改革を提言させていただくことにした。だが、その前になぜ現在の危機的状態が生まれてしまったのか。まずは物流サービスの歴史を振り返っていきたい。

長く続いた「後処理物流」の時代

そもそも日本において「物流」という概念が定着したのは戦後、昭和30年代とされている。当然、それ以前も建築資材や農産物などの物資が生産地から消費地へと運搬されていたが、当時は河川を利用した水運が中心であり、やむを得ない場合に限って陸運を用いていた。都市部以外の道路が未舗装だったため、車両による輸送は貨物の破損のリスクが高かったからだ。

しかし、高度経済成長期に入って物資の輸送量が急増したことで、速くてスムーズな流通の確立が急務となった。

そこで政府は物流先進国のアメリカへ物流視察団を派遣。彼らの報告をもとにインフラの整備や荷役の機械化が行われた。

視察団は報告の際、「Physical Distribution」という言葉を使用している。これが「物的流通」と訳されて、「物流」という言葉が生まれたのである。

物流という概念が確立したものの、初期の物流はビジネスの表舞台に出てくることはなかった。ビジネスのプロセスにおける後始末役、いわゆる「後処理物流」の時代が長く続いたのだ。

日本はものづくり中心の国であった。品質の高い優れた製品をつくることに注力する一方で、つくった後の物流まで気が回らなかった。荷主の物流会社選びは荷主企業の物流部門や物流子会社が中心で、物流における品質レベルは物流会社任せ。物流会社側はといえば、親会社が生産したものや調達したものをただ運べば、それでよかった。何もしなくても仕事が得られるため、自らの意思で営業活動やサービスの改善を行う必要がなかったのだ。

競争の激化が無償サービスを生み出した

やがて、物量が増加するにつれて、物流コストの削減が求められるようになる。しかし、受け身で仕事をしてきた多くの物流会社にとっては、荷主の要求に従って商品を運ぶ「御用聞き」の時代が到来したことになる。

競合他社も増えていく中で、収益確保のために荷主が注力したのが外注費である物流委託費用の値下げ要請だ。荷主にとって物流は後始末役にすぎない。なるべくコストをかけないように安さを追求した。

御用聞きをやっている多くの物流会社が仕事を維持するためには、荷主の要望をそのまま受け入れるか、安価な下請け、孫請けに流してその場を凌ぐかの二択しかない。その後も荷主からの値下げ要請はエスカレートし、価格破壊は激化の一途をたどっていく。

物量増と価格破壊の結果生じたのが、「荷待ち」や「荷積み」「荷卸し」、その他の

「付帯業務」の無償サービスだ。荷待ちとは荷主側の都合によってトラックドライバーが待機している時間のこと。集荷時間までに荷主側の荷物が準備できていなかったり、荷積みの時間が他社と重なって順番待ちをしたりすることで発生する。

我々がタクシーを待たせると、待ち時間がきっちりと乗車料金に加算されるように、荷待ちも本来であれば拘束時間に含まれて料金収受の対象となるはずだが、有償化されることはなく、逆に無償サービスの一つとして慣習化されていった。

荷待ちがあると、ドライバーは到着時間に間に合わないかもしれないという強迫観念に駆られてしまう。その結果、トラックの荷台の上で荷主が荷物を引き渡す「車上渡し」の契約であっても、少しでも早く出発するためにドライバー自ら荷積みを手伝うようになっていく。

おそらく、荷主に頼まれて断れないケースもあったのだろう。いずれにしても、こうした業務までもが当然のごとく無償で行われ、やがて慣習化し、荷待ちに数時間も費やすような異常な状況が常態化していった。

「圧倒的サービス」の時代が到来

一方、１９８９年に物流二法が制定されたことで、トラック運送事業は免許制から許可制になるなど経済的規制が大幅に緩和された。その結果、物流業界には新規参入者が急増。彼らは大手物流会社から業務委託され、下請け、孫請けとして仕事を獲得し、ここに物流業界の新たな構造が確立された。

物流が付加価値型サービスとして注目され始めると、ＱＣＤ（Quality：品質、Cost：費用、Delivery：納期）の向上を意識した「サービス高度化」の時代に突入した。例えば、１９９０年代後半から２０００年代にかけて、ヤマト運輸では日時指定配送や、事前にメールで配送日時を知らせる通知サービスなどを次々に開始している。ＩＴの普及もあって、単純に運ぶのではなく顧客のニーズに合った物流を行うようになったのだ。

そして、いまや物流は「圧倒的サービス」の時代だ。きっかけはアマゾンをはじめとする物流サービスを前面に押し出した企業の台頭だろう。

　アマゾンは、日本の消費者の間では主に、インターネットでモノを売る総合オンラインストアとして知られているが、実態としてはクラウド・コンピューティング・サービスや物流企業としての色合いが濃い。ＥＣ（電子商取引）はもちろんだが、ＥＣを通して高速物流サービスネットワークを構築し、物流サービスのレベルアップを牽引する「物流とＩＴ」の企業といっても過言ではない。

　彼らは注文の翌日、場合によっては当日に配達する高度なサービスを打ち出し、消費者の支持を集めた。しかも、一定金額分を購入するか有料会員になれば送料は無料になる。こうしたサービスは他のＥＣサイトにも広がり、電球1個であっても注文したその日のうちに届けられる時代が到来した。

B2CのサービスレベルがB2Bに波及

　商取引の代表的な形態として、企業（Business）間取引であるＢ２Ｂ、企業と個人

図表1-1　代表的な商取引形態

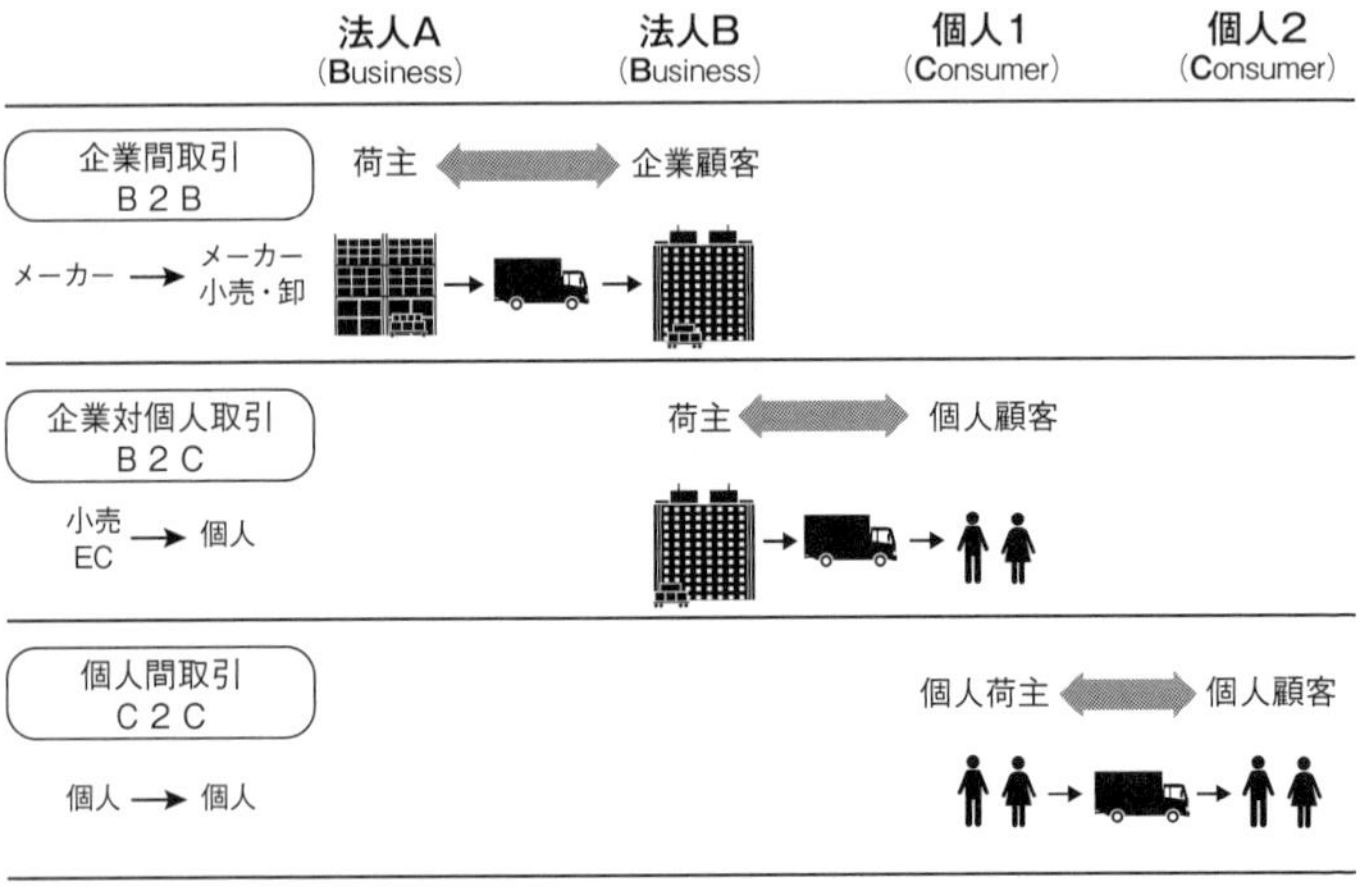

顧客（Consumer）間の取引であるＢ２Ｃ、そして個人荷主と個人顧客間取引のＣ２Ｃなどがある（図表１－１）。

当初、Ｂ２Ｃでスタートしたアマゾン型のサービスは、いまＢ２Ｂにも波及している。機械加工製品の販売を手掛けるミスミなど、Ｂ２Ｂにおける高速物流サービスを武器にする企業が次々と登場し、アマゾンも２０１５年にＢ２Ｂに本格参入した。

トヨタのジャスト・イン・タイム生産方式のように、オーダーがあれば即座に対応し、確実に届ける緻密なサプライチェーンは日を追うごとにレベルを上げ、いまやＢ２Ｂ物流のデフォルトだ。

かつて物流といえば、ビジネスを陰で支

える「モノを運ぶビジネス」にすぎなかったが、付加価値型のサービス業として脚光を浴びている。その結果、苦しい立場に追い込まれたのが中小規模の物流会社だ。

圧倒的サービスの時代にはなったが、物流業界は根本的に昔とほとんど変わっていない。中小企業が大多数を占め、物流子会社あるいは大手物流会社、下請け、孫請けという構造が形成されている。いまだに後処理物流を担う会社、御用聞きの会社もある。

そうした中、一部のリーディングカンパニーの高度なサービスによって荷主や顧客の期待値ばかりが底上げされてしまったことで、物流業界には様々な問題が生じている。

現在の物流業界がどのような状況にあるのか、数字を見るとわかるだろう。国土交通省が２０１８年10月に発表した「物流を取り巻く現状について」によると、２０１５年度の物流業界全体の売上高は約25兆円。事業者数は約７万５０００社におよぶ。

ここに主要企業の売上高を照らし合わせると、日本郵便を筆頭に日本通運、日本郵船、ヤマトホールディングス、ＳＧホールディングスなど上位42社（０・06％）で全体の80％にあたる20兆円の売り上げを占めていることがわかる。さらに上位94社

図表1-2　売上比率と売上高ランキングTOP10

●売上比率と企業数

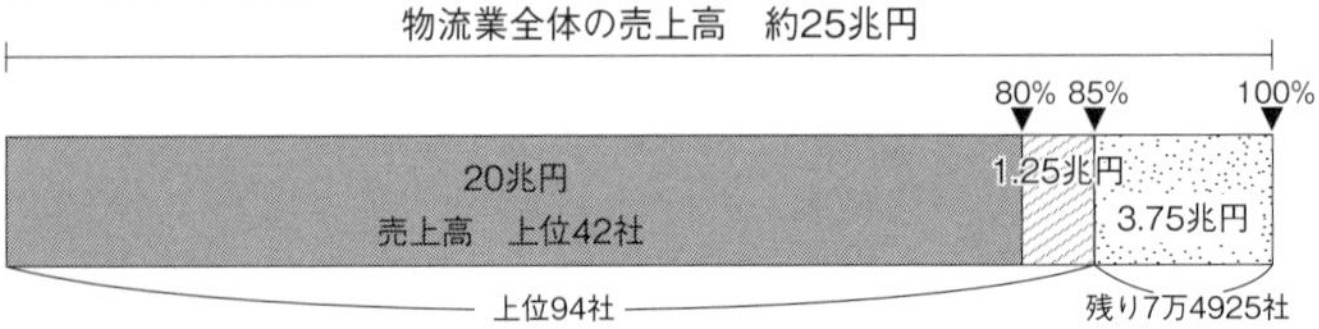

（出所）国土交通省「物流を取り巻く現状について」（2018年10月11日）より作成

●主要物流企業の決算売上高ランキング（2019年3月期）

順位		（百万円）	シェア	シェア累計
1	日本郵便＊	3,960,669	15.8%	
2	日本通運	2,138,501	8.6%	24.4%
3	日本郵船	1,829,300	7.3%	31.7%
4	ヤマトホールディングス	1,625,315	6.5%	38.2%
5	商船三井	1,234,077	4.9%	43.1%
6	SGホールディングス	1,118,094	4.5%	47.6%
7	川崎汽船	836,731	3.3%	50.9%
8	日立物流	708,831	2.8%	53.7%
9	セイノーホールディングス	618,436	2.5%	56.2%
10	近鉄エクスプレス	592,009	2.4%	58.6%

（出所）会社四季報ONLINEをもとに作成。ただし、日本郵便は自社財務報告を参照。シェアは上記発表の売上高を分母とする

（0・13％）では85％だ。

　つまり、残りの7万4925社もの企業で全売り上げの15％にあたる3・75兆円の市場を構成しているのである。圧倒的多数の中小企業がシェアの奪い合いをしているというよりも、お互いが持ちつ持たれつ、残された市場を支えている状況なのだ（図表1－2）。

【減少するトラック積載率】

　中小企業が多数を占める業界構造は、トラック運送業においても同様だ。トラック運送業の売り上げは物流業界で最も多い14兆５０００億円。事業者数も６万２０００社と圧倒的に多く、合計１８０万人が従業員として働いている。国土交通省によると、このトラック運送業の中小企業率はなんと99・９％。ほとんどが中小企業だ（図表１－３）。

さらに、平均値を算出すると、１社当たりの従業員数は30人、売り上げは２億３０００万円となる。１人当たりの売り上げは７７０万円だ。ここからトラックの購入費や維持費、燃料費、給料を捻出したら利益はどれだけあるだろうか。

しかも、この平均値には事業者数のたった０・１％でしかない日本郵便やヤマトホールディングスといった大手企業の従業員数や売り上げが含まれている。彼らが全体の数値をぐっと引き上げていることを踏まえると、平均値は参考程度にとどめて中央値を見るべきだが、この点については後ほど詳しく説明しよう。

倉庫業もまた中小企業率が高い。事業者数６０００社、従業員数は８万９０００人と全体の規模は小さいが、そのうちの91・７％が中小企業だ。１人当たりの売り上げは１９００万円とトラック運送業に比べれば多いものの、倉庫の設備投資費や維持管理費、非正規社員を多く抱えていることを踏まえると利益が大きいとはいえない。トラックや倉庫といった物流の根幹に関わる事業者は非常に厳しい状況に置かれている

図表1-3　各物流業界の概要

区分	（億円）営業収入	事業者数	（千人）従業員数	中小企業率
トラック運送業	145,449	62,176	1,880	99.9%
JR貨物	1,363	1	6	—
内航海運業	8,370	3,510	68	99.6%
外航海運業	47,561	194	7	53.3%
港湾運送業	10,736	868	51	88.5%
航空貨物運送事業	3,028	21	35	23.8%
鉄道利用運送事業	2,970	1,090	7	87.2%
外航利用運送事業	4,625	911	5	78.8%
航空利用運送事業	4,975	195	13	66.0%
倉庫業	16,587	6,037	89	91.7%
トラックターミナル業	283	16	0.6	93.8%
計	235,947	(75,019)	2,162	—

※国土交通省統計資料より、国土交通省総合政策局物流政策課作成
※データは平成27年度のもの（一部例外、推計値有り）。この他に内航利用運送事業者、自動車利用運送事業者が存在
※一部の業種については、報告提出事業者のみの合計の数値
（出所）国土交通省「物流を取り巻く現状について」（2018年10月11日）

（図表１－３）。

一方、直近の１件当たりの積載量は減少している。１９９０年度に貨物１件当たり２・43トンだった貨物量が、２０１５年度には０・98トンになっている。３トン積めるトラックを例にお話しすると、以前はトラックに２・43トン分の貨物を載せていたのに、現在は０・98トンしか載せられない（図表１－４）。

別のデータでは、１９９３年に54％だった営業用トラックの積載率は、２０１５年には40％にまで減少している。６割は空気を運んでいるようなものだ。

図表1-4　直近の物流の変化

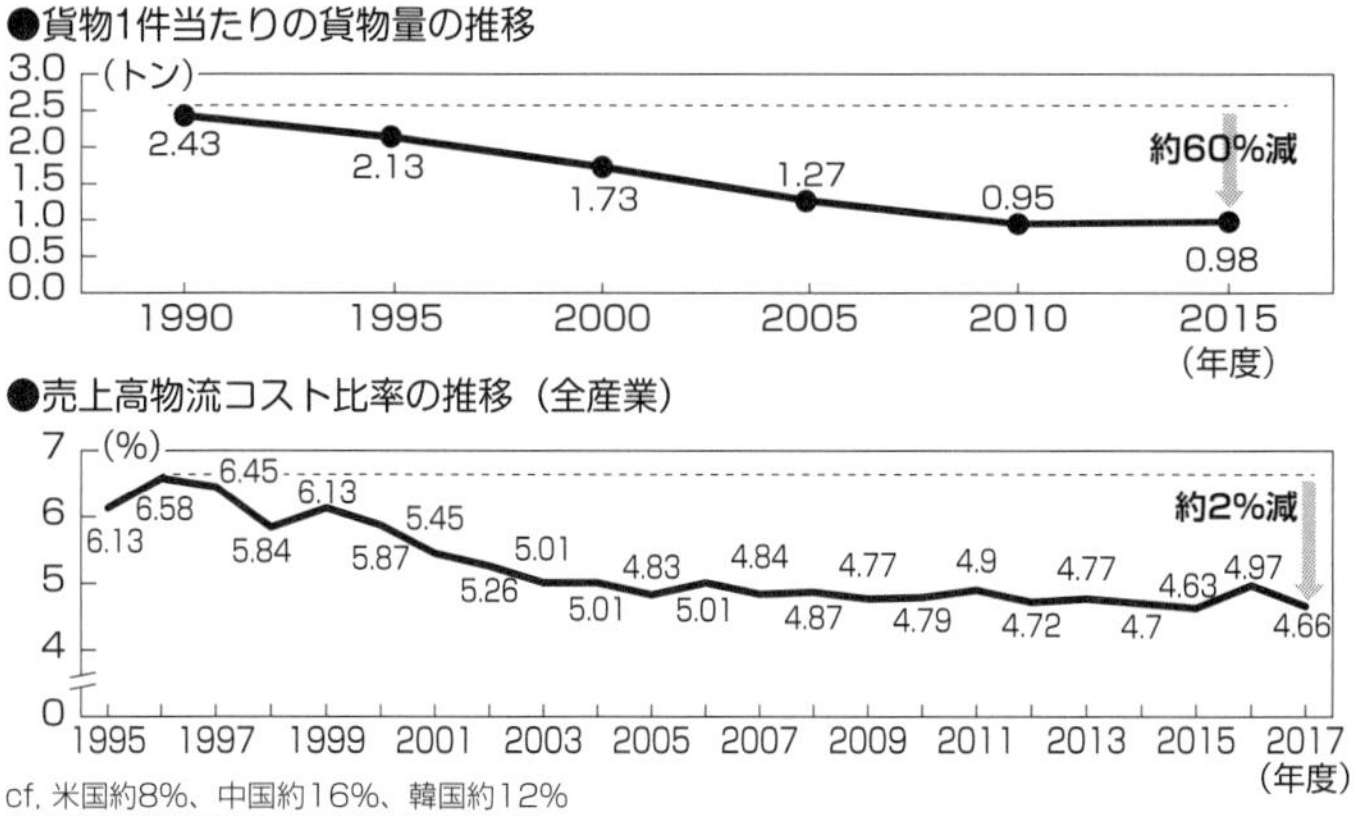

cf, 米国約8%、中国約16%、韓国約12%
※計算方法が異なるため単純比較できない
※出典：JILS「2017年度物流コスト調査報告書」「2015年度物流コスト調査報告書」
（出所）国土交通省「物流を取り巻く現状について」（2018年10月11日）

【多頻度少量配送で、物流会社の手間は増え続ける】

しかし、前に触れたように物流件数は増加し続けている。なぜ、このようなことが起こるのか。

それは、「圧倒的サービス」によって荷物が小口化したからである。かつては、切れることがないようにあらかじめストックしておくのが当たり前だった電球やトイレットペーパーなどの日用品が、いまでは多くのECサイトで少量でも注文ができるようになった。

しかも翌日には届くので買い置きする必

要もない。これまで買い置きやまとめ買いをしていたものを必要な時に必要なだけ購入するため、荷物は小さくなる一方、配達件数（頻度）は増えた。

以前なら一度で届けることができた荷物を複数回に分けて納品しなければならない。これでは物流会社の手間（コスト）は増えるばかりだ。人手不足が深刻なこの時代に、物流件数が増えることは決して喜ばしいことではないのである。

というのも、全業種における売上高物流コスト比率を見ると、１９９６年度は６・58％だったのが２０１７年度には４・66％に下がっている（図表１－４）。これは売り上げに対して物流コストがどれだけかかっているかを示す指標だ。明らかにコストパフォーマンスが悪くなっているはずの物流コストが数字上では効率化されている。

企業努力により図られた効率化は勿論あるが、荷主が物流会社に支払う委託費用を削ってコストダウンを図っている一面もあるのではないか。委託条件がどんどん厳しくなっているのに委託費用はカットされている。物流会社はいま、逆風にさらされているといえるだろう。

深刻化する労働力不足

このままでは物流業界は破綻しかねない。すでに、業界内では様々なひずみが生じ始めている。詳しくは、第2章の弊害のところで取り上げるが、とりわけ労働力不足は深刻だ。２０１９年の全日本トラック協会の調べでは、トラックドライバーが不足していると感じている企業の割合は全体の7割に達していた。

実際に、１９９５年には98万人を記録したトラックドライバーの数は、２０１５年には76万７０００人にまで減少している。

なぜ労働力不足に陥っているのか。１９７０年代後半に菅原文太が主役を演じて人気を博した映画『トラック野郎』シリーズのように、以前はトラックの運転が大好きで稼業に誇りを持つ玄人ドライバーが数多く存在した。

だが、もうドライバーは稼げる職業とはいえなくなった。後述するが、無償サービスが多く、荷待ち時間もムダに長い上に、様々な規制により長距離を一気に走って稼ぐというスタイルが不可能になった。これも、ドライバー不足を後押ししている要因だ。

厚生労働省は、健全な物流業務遂行のためのルールとして、「自動車運転者の労働時間等の改善のための基準」を策定し、ドライバーの労働条件の向上に乗り出した。バス、トラック、タクシーなどの自動車運転者について、その業務の特性を踏まえ、すべての産業に適用される労働基準法では規制が難しい拘束時間（始業時刻から終業時刻までの時間、休憩時間を含む）や休息期間（勤務と次の勤務の間の自由な時間）、運転時間等の基準を設けている。

しかし、その中身をよく見ると現実的ではない点がいくつもある。昔は東京から九州まで頑張れば１日で荷物を運ぶことができたが、この基準によれば、運転手の１日当たりの基本労働時間は13時間以内、最大16時間（15時間超は最大週に2回まで）、１カ月当たりの労働時間は原則２９３時間、最大３２０時間（年間３５１６時間以内）と定められている。

だからといって、１日最大16時間をずっと走り続けられるわけではない。継続した休息期間が必要だ。勤務と次の勤務の間には、仕事からいっさい離れたフリーな時間を８時間以上取らなければならない。

また、最大運転時間は、２日間の平均で９時間。仮に、昨日12時間運転したとすれば、今日は６時間しか走ることができない。休憩時間も４時間ごとに30分以上取る必要がある。つまり、連続して運転できるのは最大４時間。４時間走ったら必ず30分以上の休憩時間が必須だ。

ただし、休憩時間は４時間の間に１回10分以上の休憩を分割して取ることもできる。例えば、２日間の拘束時間が26時間だとすると、トラックを走らせられるのはそのうちの18時間。小休憩を除いた残りの時間は雑務やその他にあてられる。

この規制により、昔はカウントされなかった荷待ちの時間も拘束時間とされるようになったため、もし荷主側と荷受け側でそれぞれ数時間拘束されると、遠距離を走ることは不可能だ（図表１－５）。

長距離を一気に運行したい場合の選択肢は、２日にまたがるように走るか、二人体制で臨むか、あるいは、中間地点で荷物を引き渡すリレー方式で運ぶか。いずれにしてもコストがかさむ。収入（運賃）は同じだから、稼ぎは大きく減ることとなり、物流会社、ドライバーともにメリットはない。ドライバーの労働環境を改善しようとい

図表1-5　トラック運転者の労働時間等の改善基準のポイント

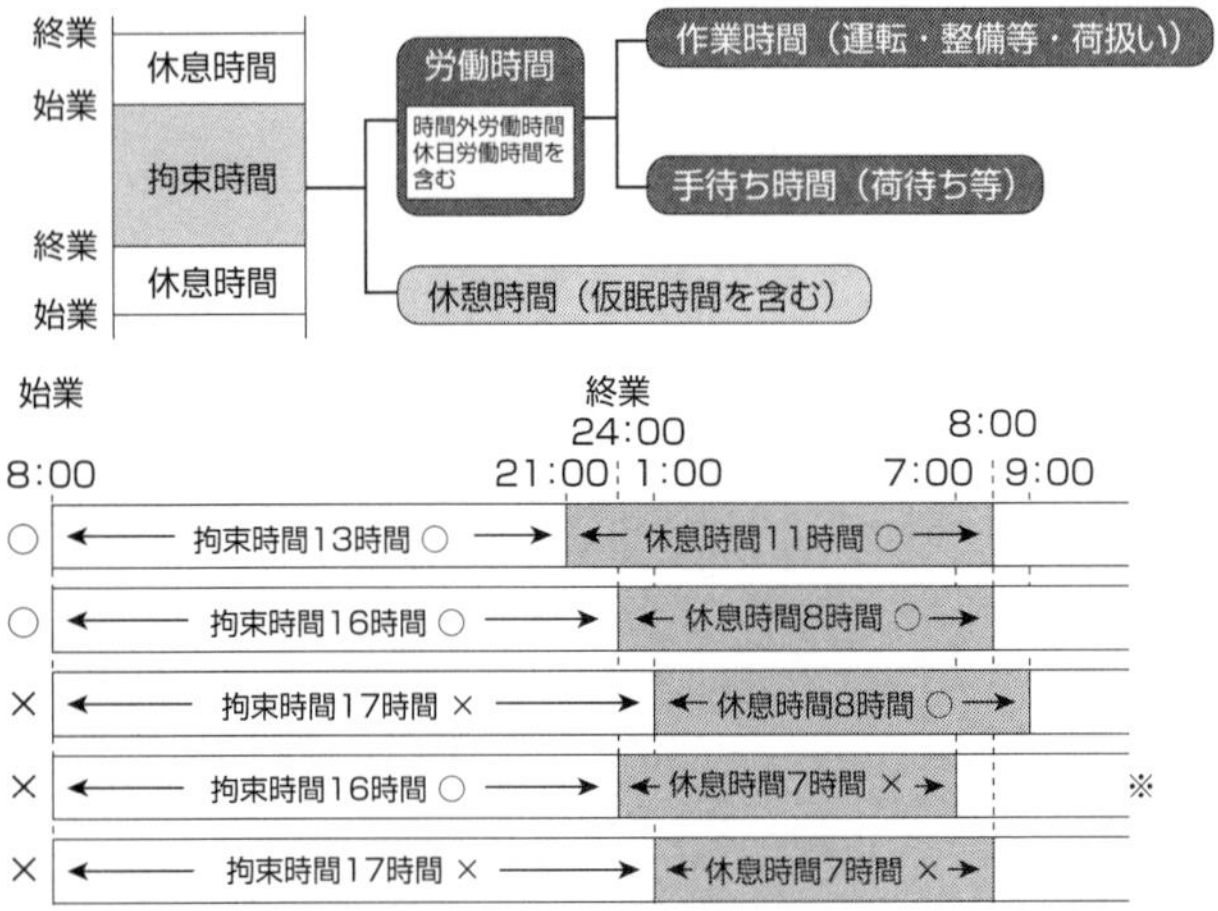

※この場合、翌日の始業時刻が7：00とすると拘束時間が16時間＋1時間＝17時間となり、改善基準告知違反となるので注意が必要

拘束時間

1日	基本：13時間以内	最大：16時間（15時間超は最大週2回まで）
1カ月	原則：293時間	最大：320時間（年間3516時間以内）

休息期間

1日　継続して8時間以上
故に、1日＝拘束時間（16時間以内）　＋　休息時間（8時間以上）

休憩時間　4時間ごとに30分以上

運転時間　最大：2日間の平均で9時間
つまり、昨日12時間運転したとすれば今日は6時間まで

連続運転可能時間　最大：4時間
4時間走った場合は必ず30分以上の休憩時間
ただし、4時間の間に1回10分以上の休憩を分割して取ることも可能

※1日：始業してから24時間

（出所）厚生労働省「トラック運転者の労働時間等の改善基準のポイント」をもとに作成
https://www.mhlw.go.jp/new-info/kobetu/roudou/gyousei/kantoku/dl/040330-10.pdf

う視点では功を奏したかもしれないが、ドライバーという職業の魅力が減って人手不足を招いては本末転倒である。

働き方改革が別のストレスを生んでいる

２０１９年4月にも新たな規制が設けられた。労働基準法の改正による時間外労働の制限だ。一般企業は年７２０時間、ドライバーにおいては施行まで5年間の猶予が与えられたものの、９６０時間が上限として定められた。

この規制が、働き方改革を反映した規制であることはいうまでもないだろう。長時間勤務が強いられ、過酷な労働環境下にあるバス、トラック、タクシーなどの自動車運転者の負荷を軽減するための取り組みだ。

しかし、乗れば乗るほど稼ぐことができたドライバーにとっては一概によいものとはいえない。本来の目的は、ドライバーに対する理不尽なプレッシャーや不当な要求、やるべきではない業務を排除し、働きやすい環境をつくるはずが、現状は別のス

図表1-6　トラックドライバーの労働条件①

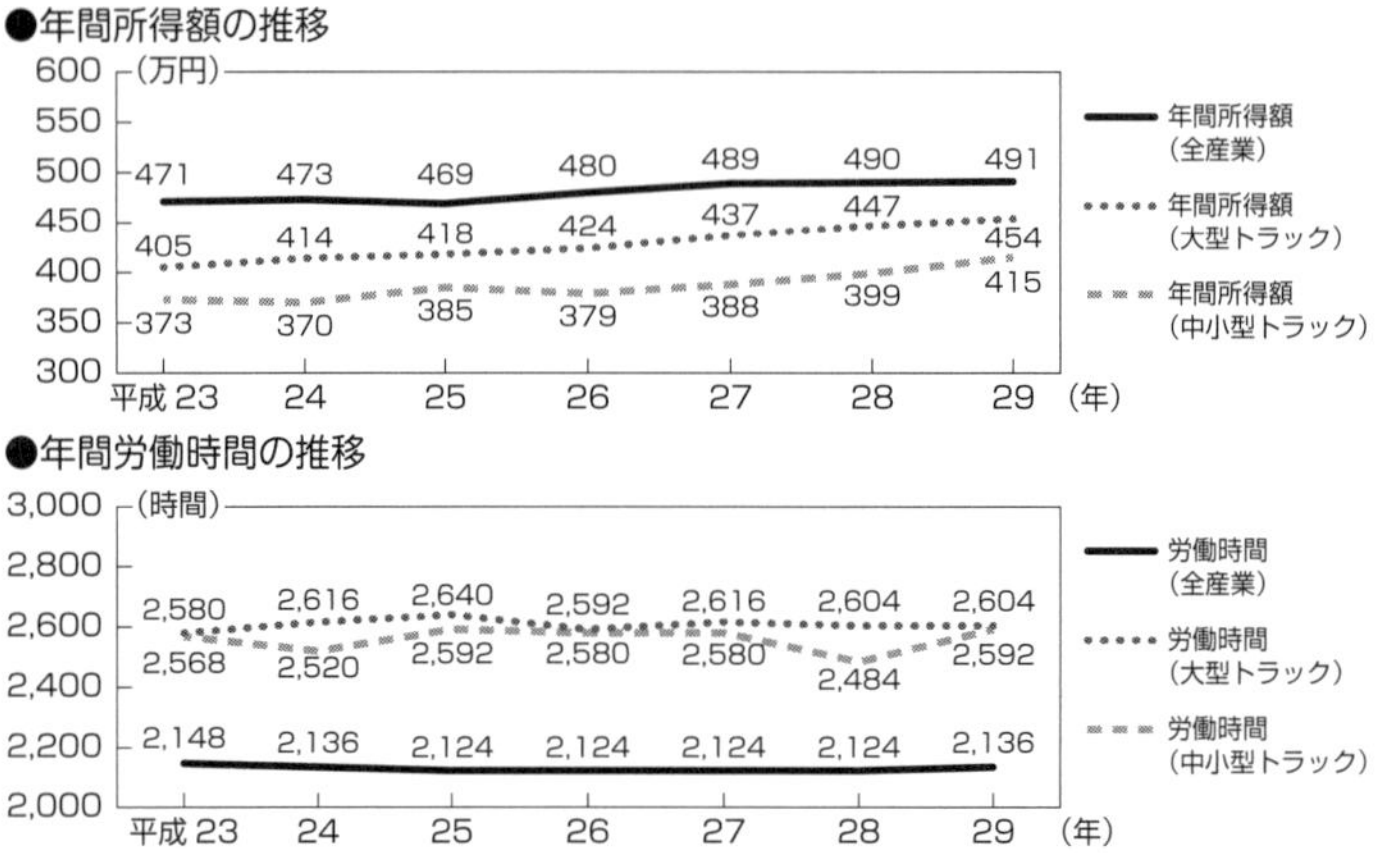

※出典：厚生労働省「賃金構造基本統計調査」
（出所）国土交通省「物流を取り巻く現状について」（2018年10月11日）

トレスを生む結果となっている。稼ぎたくても稼げないというストレスだ。労働時間を短くすれば働き方が良くなるという考え方は、少なくとも物流業界においては安直に感じられる。

長距離がNGになったことで、魅力が低下し、ドライバーがやめていく。そして、稼げないから採用もままならない。皮肉なことに、「良かれ」と思って設けた基準がむしろ足かせになっている。

ドライバーが稼げなくなったという事実は数字の上からも明らかだ。２０１７年の大型トラックのドライバーの年間所得額は全産業平均と比較して約1割低く、中小型トラックだと15%減である。

一方で年間労働時間は大型、中小型ともに全産業平均の1・2倍。労働時間は長いのに給料は安いとあってはトラックドライバーという職業に魅力を感じにくく、労働力が不足するのはもっともなことだろう（図表1－6）。

【慣習が生んだ無償サービス】

無償サービスに関しては、私も以前から業界新聞に寄稿するなどして現状を訴えてきた。荷主側に「荷待ち、付帯業務は無償」という認識が慣習化してしまったため、荷主との間で約束した集荷時間は目安でしかなくなった。

配達時間を守らなければならないドライバーは荷積みの手伝いをするばかりか、集荷の順番待ちを避けようと他社よりも早く来て待機する。9時に集荷すればいい荷物のために2時間も3時間も前から待機するので、荷主の敷地前の道路には早朝から長蛇の列ができてしまうような事態が頻発している。

ドライバーにも改善すべき点はたくさんある。特に経験豊富なドライバーほど、荷主との契約を確認せず、自由に仕事をする傾向が強い。現場に慣れ、荷待ち時間を持て余すあまり、率先して契約外業務を手伝ってしまうドライバーもいる。

しかし、これが無償サービスの慣習化の温床であることを強く認識してほしい。

タリフは現実にマッチしているか？

必要のない荷待ちや業務があまりにも多すぎる――。そんな現場の声が届いたのか、２０１７年11月には、トラック運送における運賃・料金のルールが改正された。運賃と、待ち時間・付帯業務・荷積み・荷卸しといった運賃以外の業務が明確に分けられ、運賃以外の業務にも対価が支払われるよう通達されたのだ。長時間待たされても無償だった荷待ちも、なあなあで手伝っていた荷積み、荷卸しも有料化に向けて動き出した。

タリフもようやく見直されてきている。物流におけるタリフとは「重量×距離」で算出される「標準運賃表」のこと。かつては運輸省（現・国土交通省）によって数年ごとに改正されていたが、２００３年に届け出制になったため、１９９９年（平成11年）以降のタリフは公示されていない。

一般的な物流会社はタリフをもとに配送運賃を作成してきたため、いまだに当時のタリフをベースに決めている会社が多いという。国土交通省と日本トラック協会が２０１６年末に実施した調査では約６割以上の会社が１９９０年（平成２年）以前のタリフをベースにしていると答えている。平成も終わり、令和となった現在でも、昭和のタリフを使い続けているのだ。

それでなくても、運ぶ貨物の重量と距離から料金が算出されるタリフには、荷待ち時間が考慮されていない。どんなにドライバーを待たせても、そこにコストは発生しないと荷主が考えるのも、実態に見合っていないタリフに原因の一端があるのだろう。

「ホワイト物流」推進運動の狙い

実態に見合っていない料金体系など問題は山積しているが、改善が進んでいないわけではない。２０１８年12月に公布された「改正貨物自動車運送事業法」では労働条件の改善を図るための標準的な運賃の導入が盛り込まれた。あくまで告示であってタリフの改正ではないが、これを受けてか２０１９年８月には日本通運が一般貨物自動車運送事業での運賃を改定。10％の増額に踏み切っている。

さらに、国は日本マクドナルドなど実施事業者を認定して配送回数や曜日による物量の平準化にも取り組んでいる。基本的に午前中に集中している納品時間を午後に分散したり、曜日や時間帯ごとの納品量を平準化し、配送休日を設けたりする取り組みだ。狙いは、ドライバーの運転時間の省力化やCO_2排出量の削減にある。

先に述べた時間外労働の制限も含め、こうした動きは「ホワイト物流」推進運動の一環だ。国は経済団体や有識者とともに「ホワイト物流」推進運動と称した働き方改革に乗り出している。

これは、物流事業者と荷主が協力しながら、トラック輸送の生産性の向上・物流の効率化、女性や60歳以上の運転者の労働環境改善などに取り組んでいく運動で、業界の慣習や物流事業者の業務プロセスの見直しによる生産性の向上、物流の効率化によるCO_2排出量の削減、事業活動に必要な物流の安定的な確保などを目標に掲げている。

２０１９年10月に公表された参加を表明している企業は運輸・郵便業２０５社のほか、卸売・小売業72社、複合サービス事業13社、情報通信業12社、建設業５社など多業態にわたるが、なかでも製造業２３９社が突出している。特に、トヨタ自動車や味の素、日本電気など影響力の大きい荷主企業が多数、名前を連ねていることは、注目すべき点である。

この運動を受けて２０１９年７月、全日本トラック協会では加工食品関連企業に対するリードタイムの延長を検討するように要望。現行の受注日翌日の納品では夜間の仕分け作業や運転が避けられず労働環境の改善が進まないとして、翌々日納品への延長を提案した。採用されれば出荷作業要員や配車の手配に余裕ができ、効率的な物流業務計画を立てられるようになると見込まれている。

国が改革に踏み出し、大手企業や団体が行動に出始めていることは物流業界にとって大きな一歩だといえるだろう。

「正しい物流」に向けた改善視点

では、徐々に意識が変わりつつある中で、どのような改善策が必要なのだろうか。荷主や顧客となる企業そして一般消費者はいかに便利かつ効率化するかに関心が強いが、「正しい物流」ができるかという視点にはなかなか目が向きづらい。

そこで、正しい物流を行うために考えてほしい4つの視点をここに紹介する。

視点1　「視認性」の向上

材料メーカーと完成品メーカーとの取引をイメージしてほしい。

これまでの既製品を納入していた時代から、競合他社に打ち勝つための付加価値提供が当たり前となったことで、汎用品の個別化、顧客別カスタマイズ製品が続々と生まれ続けた。

材料メーカーは納入先の要望に応え、すぐに使用できるように他の材料と事前に調合したり、他社完成品との差別化のために調合比率を変えたり、特別な温度管理をしたり、様々な企業努力を繰り広げている。

こうした細やかな対応力はメーカーの強みであり、競争力に繋がるものの、個別化が進めば管理する名称等の識別子も複雑化する。ここに正しい物流視点での問題が発生する。どれだけの商品が物流業務の効率性を考慮して名称、型番、品番等を決められているだろうか。

すべての物流工程がバーコードなどによるデジタル管理をされていれば問題は起こりにくいが、商品と伝票を目視で確認しながら行う現場では難易度の高い業務遂行を強いられることとなる。

製品名、品番等が紛らわしかったり、表示が小さかったり、積み上げられた状態では見えない位置に記載されていたりすると、この確認作業が大きなストレスとなるし、誤ピックや誤納品の原因にもなる。

物流を正しく行うために、荷主企業には類似商品をストレスなく、そして間違いなく取り扱える仕掛けを採用してほしい。工夫次第で物流業務の生産性や品質は大きく向上する。

視点2　「適量」注文

物流視点では「量」が適切か、ということも大きなポイントである。何度も述べているように、近頃は、好きな量だけ、何度でも、たとえ小物1個でも配送してもらえる。だから顧客は昔のように買い溜めをしなくてよくなってきた。足りなくなったら必要な量だけ注文するため、物流の配送回数はどんどん増えていく。顧客へのサービスレベル向上に注力してしまうとこの問題はまったく表面化されない。本書の主テーマである物流サービスの安定供給に向けた負荷軽減という視点で顧客と荷主がタッグを組み、注文するロットや頻度を調整するしか打開策は生まれない。

視点3　見合った「荷姿」

商品の荷姿についても再考が必要である。昨今は商品の形に合わせすぎたいびつな形の梱包だったり、実際の商品サイズに合わない標準化された箱を使ったりするケースは減ってきている。ただ、まだまだ改善の余地はありそうだ。最近では、過剰サイズや特殊な形の梱包よりも、梱包資材の強度低下の方が問題だと思われる。コストダウンのあおりを受けて資材コストの低減が過剰に進んだ結果、使用環境にマッチしていない材料が使われ、耐久性が足りず物流工程で汚れや破損、荷崩れなどのトラブルが起きている。資材コストの低減額だけに目がいきすぎると逆にトータルコストがかさむこともしばしば起きる。適正サイズとともに適正資材の採用も意識してほしい。

また、荷姿だけでなく、B2Bの大型トラックでの大量配送におけるパレットの使用範囲の拡大も検討すべきである。パレットとは荷物の運搬や保管の際に使われる荷台のことだ。工場や倉庫ではパレットに積んだ状態で保管、荷役、運搬を行っているが、トラックへの荷積みの際に手荷役でバラ積みする光景を目にする。なぜなら、パレットを使用するとパレット分だけ積載率が落ちて積める荷物の数が減るからである。しかし、パレットを抜いてバラでトラックの荷台に手作業で積むのは非効率極まりない。大型トラックに満載の荷量であれば半日がかりになってしまうこともあるだろう。実際に冷蔵品を手作業で積卸ししたために時間がかかり、品質を損なってすべて廃棄（損害請求）となってしまったケースもある。

パレット自体の管理にもクリアしなければならない課題はあるが、全体最適視点で効果は大きいため、ぜひ前向きに検討してほしい。

視点4　「時間指定」の緩和

そして視認性、量、荷姿が整ったら最後は「時間指定」の緩和だ。

「時間指定」でよく見聞きするのが、時間どおりに荷物を届けたが、すぐには荷物に触れず、長時間放置されているというケースだ。問題を大きくしているのは、その指定時間が集中していることである。早く届けてもらえれば安心だという先入観のために物流会社は疲弊している。

本当に必要なタイミングについての再確認と可能な限りの指定時間の分散を検討すべきである。

ここまで挙げてきたことは、物流サービスの安定供給を意識した「正しい物流」視点を持たないとなかなか改善されないテーマである。荷主や顧客の多くは自分たちの効率に目が行ってしまい、非効率な条件や慣習化したムダな物流サービスを拭い去れていない。

その結果、荷主と顧客を繋ぐ物流工程で負荷が増大し危機的状態になっている。安定供給が完全に破綻する前にぜひ検討していただきたい。

物流業界こそSLAの徹底を

物流クライシスが叫ばれるようになり、行政の働きかけもあいまってようやく大手物流会社が値上げや一部時間指定の廃止に向けて動き出しているが、まだまだ不十分だ。高〝負荷〟サービスについては、時間指定、再配達の有料化などのさらなる対策が必要である。

ＳＬＡ（サービスレベル合意書）の明文化も徹底すべきだ。サービスを提供する事業者が契約者に対してサービスを保証する契約のことで、サービスの内容や品質の水準、サービスが守られなかった場合のルールが明確に定められた合意書である。あいまいな表現を好む日本社会においてＳＬＡのような文化はなかなか根付きにくいとされてきたが、物流業界こそしっかりと保証していくことが必要だ。

さらに付け加えるなら、物流のリーディングカンパニーの取り組みにも期待したい。影響力のあるリーディングカンパニーが率先して動けば、慣習が変わり、業界が変わる可能性は高い。物流クライシスを打破するために、自ら先陣を切って業界を改善していく。これがリーディングカンパニーの務めではないだろうか。

ドライバーの業務が圧迫されている

意識改革が必要なのは荷主だけではない。配達先の企業顧客、そしてエンドユーザーである個人顧客も同様だ。いま、ドライバーを苦しめている要因の一つに再配達の問題がある。２０１９年4月に国土交通省が行ったサンプル調査では、２３５万個を数えた宅配便取扱個数のうち、16％が再配達だったという。さらに都市部に限れば再配達率は18％にのぼる。

不在の場合に荷物を持ち帰り、改めて配達してくれる仕組みは個人顧客からすれば非常に便利だ。再配達で追加料金を徴収されることもないため、気軽に依頼してしまうが、一方でそれがドライバーの業務を圧迫している。

比較的新しい集合住宅であれば宅配ボックスが設置されているから問題ないと思っ

ている人は多いだろう。しかし、実際は宅配ボックスの数がまったく足りていない。アマゾンやヤマト運輸などが独自に宅配便受け取り用のロッカーの整備を進めてはいるものの、自宅外での受け取りはあまり支持されていない。

その結果、同業者間での宅配ボックスの奪い合いが起きている。宅配ボックス争奪戦の勝者となるために、配達可能時間前に到着し、指定時間ぴったりにインターホンを鳴らし荷物をお届けする。もし不在の場合でも混雑前なので宅配ボックスが確保しやすくなるという作戦だ。

数年前、某大手物流会社の配達員が荷物や台車を乱暴に放り投げる動画がインターネット上に公開されて炎上した。他にも荷物を捨ててしまうなど、この動画に限らず同様の事例がいくつも報告されている。

もちろん、荷物を投げる、捨てるなど決してあってはならないことだ。ただ、その行為ばかりがフォーカスされて、そのような状況が生まれた理由を考える人は少ない。

例えば、都心部のタワーマンションの配達風景を見てみよう。ワンボックスカーで宅配に来た宅配事業者がまず直面するのは、車を停める場所がないこと。仕方なく駐車禁止区域の路肩に停めて走ってマンションに入り、エントランスのインターホンを押すと時間指定を受けていたにもかかわらず住人は不在だ。

そこでインターホンとは離れた場所にある宅配ボックスに走って移動して荷物を入れようとするが、ボックスはすべて埋まっている。郵便受けに不在伝票を入れて車に荷物を持ち帰ると駐車違反のステッカーが貼られていた。このようなことが日常的に起きている。その中で配達を続けなければならないドライバーは相当に追い詰められているはずだ。

二人体制で配達できるのであれば、こうした事態は防げるが、収益を考えると現実的ではなく、一人で駆けずり回るしかない。こんなことが何度も続けば、ドライバーは嫌気がさすのも当然だろう。

ドライバーとして荷物を乱暴に扱う行為は非難されて当然ではあるが、そうしたくなる心理状態に追い込まれていることは間違いない。荷物を受け取る側の利便性が向上する一方で、荷物を運ぶ人の気持ちはまったく考慮されていないのが我が国の物流の現実だ。

自社の現在地を知り、まずは地盤固めをする

崩壊寸前の業界で生き残るために物流会社ができることは何か。私はまず、自社が物流業界の中でどの位置にいるのか、その現在地を知ってほしいと思う。その際に業界の大多数を占める中小企業は平均値に惑わされてはいけない。

ビジネスでもよく使われる統計学の数値に平均値と中央値がある。平均値はデータの総和をデータの個数で割った値のことだ。一方、中央値はデータを数字の大小順に並べたときに中央にくる値のこと。少々極端だが、ある１００人の村でたとえよう（図表１－７）。その村には年収３億円の人が１人と年収１００万円の人が99人いる。この場合の平均年収、つまり平均値は（１００万円×99人＋３億円）÷１００人で３９９万円、一方中央値は１００万円となる。

よく平均年収で生活水準を推し量ったりするが、この村の水準を３９９万円と捉えて物事を決定するとどうなるか想像がつくだろう。それ故、必ず中央値も見て判断す

ることが大切なのである。

　そしてこれは物流におけるサービスレベルにも同様のことがいえる。物流先端企業では継ぎ目のないシームレスな情報連携システムが導入されている。出荷依頼情報は自動的に物流センターに伝達され、作業計画や配送計画が立てられ目的に合った荷物がピッキングされる。その荷役作業を担うのは高度な「マテハン（マテリアルハンドリング）」と呼ばれる機械やロボットだ。出荷データを受けて棚から荷物を自動的に運び出す。さらに検品、荷札の作成・出力・貼付、配送事業者やドライバーへの出荷情報の伝達までも自動で行われて配送の準備が整う。こうして効率を上げ、当日受注・当日配送という高度な物流サービスを提供しているのだ。勿論、これらのインフラ整備には相当な額の投資が必要だが、圧倒的なＱＣＤの対価としてみれば納得できるだろう。

　このように、物流サービスレベルにおいてもこうしたリーディングカンパニーが平均値を引き上げてしまっているのが現状だ。

　残りの99％の物流事業者はどうかというと、意識的に取り組んでいる事業者でも情報連携、デジタル化、マテハン活用などは部分的な事例となっている。物流センター

図表1-7　平均値と中央値

●平均値と中央値

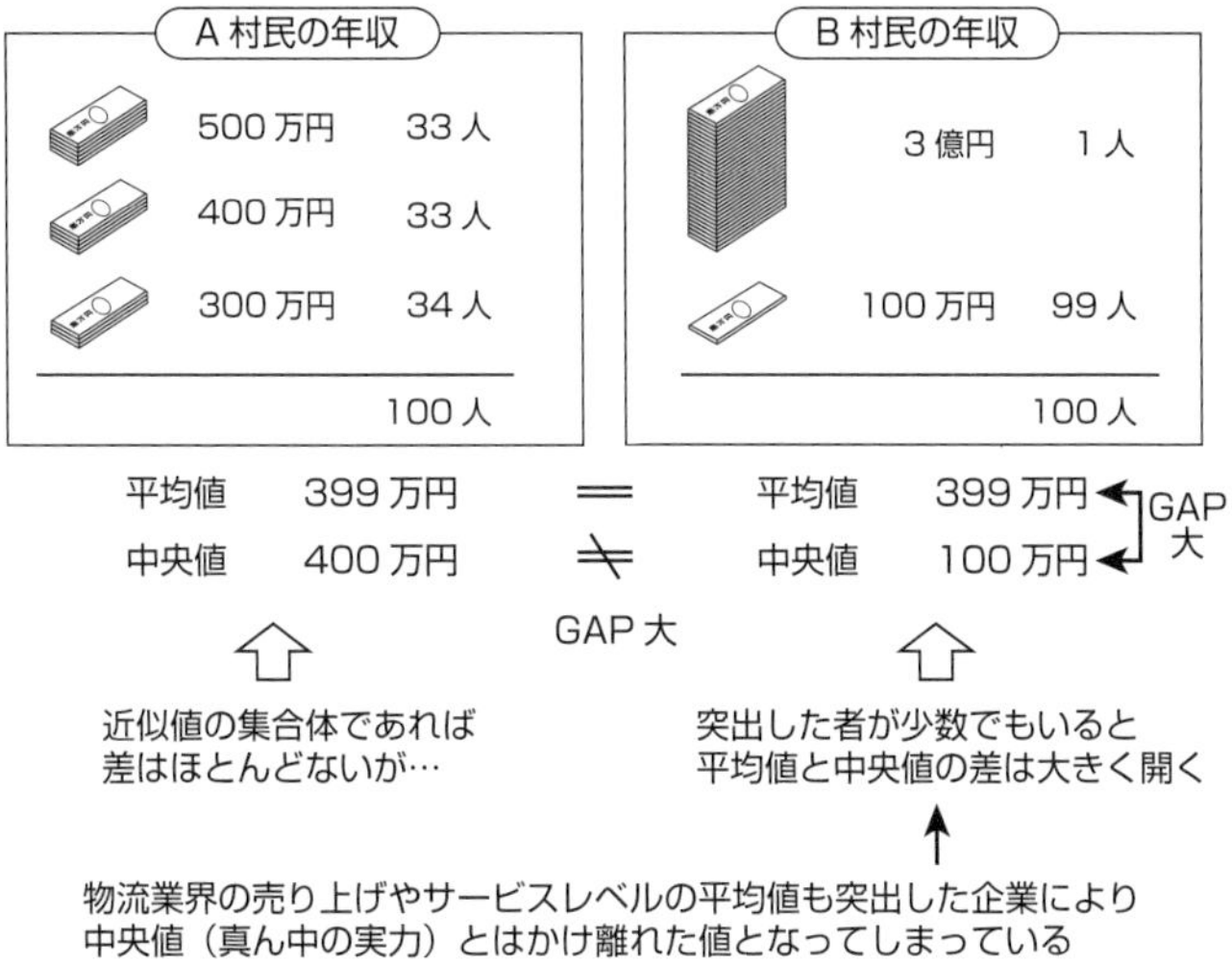

● サービスレベルの高中低の違い

カテゴリ ＼ サービスレベル		高	中	低
D 納期	短納期対応（高速物流）	◎	○ 何とか追随	△ 疲弊しながら対応
Q 品質	誤出荷発生率	◎ ≒ゼロ	○ 小～中	△ 中～大
	汚破損クレーム率	○ 小　迅速対応　即対応	△ 小～中　事後対応	× 中～大　事後対応　再発
C コスト	生産性	◎ PDCAサイクル定着	○	△
投資傾向		投資コスト：莫大（戦略的投資）	投資コスト：中～小	投資コスト：ほぼゼロ

物流サービスレベルの平均値は上記「高」まで押し上げられたが、物流業界全体の中央値はサービスレベルの「中」～「低」に入り混じっているのが実態である

への情報伝達には、ファックスや電話でのやりとりもまだまだ使われている。荷役作業であるピッキングや梱包作業も手作業が多い。投資予算も限られているためＱＣＤ向上も限定的だが、引き上げられた物流サービスにもなんとか対応している。

ただ、これらの事業者もごく一部で、いまだにファックス、電話を用いて手書きで伝票を起こすようなアナログな事業者も多い。30年も前に導入したようなレガシーシステムと呼ばれる老朽化したＩＴシステムを利用しながら人海戦術で対応している。

毎日が自転車操業でも、平均値に引っ張られた高度な物流サービス提供に必死になって対応していくしかない。

多くの中小企業は平均値化した厚遇サービスの提供を受け入れざるを得ない状態となっている。しかし、自社の能力以上のサービスに手を出せば、従業員が疲弊し、出荷や納入のミスが生じてクレームに繋がるという負のスパイラルが続いてしまう危険性がある。

中小企業がまず認識すべきなのは中央値だ。中央値を知り、自社がどの位置にいるのか、今後はどうしていきたいのかをしっかりと見定めた上で目標を立て、地盤固めをしていくことが重要なのである。

実際、自身の力を見極めて対応している企業や団体もある。例えばある中堅物流会社は、大手が手を引いた重量物の輸送を積極的に引き受けることで、自社の特色を出している。

ある程度の力を持つ中堅企業だからできるのだろうと思うかもしれないが、自分たちの現在地を知り上昇志向を持つ企業は、他社がやめてしまって空きができた領域や、ブルーオーシャン（競合のいない市場や分野）を探し出してうまく入り込んでいるのである。

【現状維持マインドを捨てる】

物流業界において、現状をチャンスと捉えて拡大を狙う企業は多くはないかもしれない。巨大企業と中小企業の差が激しすぎて勝てる見込みがないとあきらめてしまうからだ。

だから多くの企業は思考を停止して、ただただ現状維持に努める。レッドオーシャン（競争が激しい既存市場）の中でいま受けている仕事を維持しながら生き残ろうとする。

しかし、この現状維持という考え方こそ非常に危険だ。基本的に現状維持マインドの先には衰退しかない。市場が拡大する中でサービスが向上し、競合他社が成長していくのに自社だけ品質も売り上げも変わらない状況がはたしていいのだろうか。

ましてや、いま物流業界は危機的な状況にある。この環境下での現状維持はほぼ不可能であり、衰退の道を進んでいるといわざるを得ない。少子高齢化による経営者不足から廃業を考える企業があることも踏まえると、このままでは物流を支える企業はどんどん少なくなっていく。

だからこそ中小の物流会社は自分たちが置かれている状況を理解して、やるべきことをしっかりと実践していくことが大切だ。強い企業が牽引しているチキンレースに振り回されて身を削る必要はない。自社を知り、中央値とのギャップを埋めてからその先に進む。段階的にステップアップするために、できることはまだたくさんある。

では、具体的にどうしたら現状から抜け出すことができるのか。次章から説明していこう。

第2章

物流業界「健康診断」のすすめ

タイトでスキがないサプライチェーン

定時配送、多頻度少量配送、欠品ゼロ。物流サービスは日を追うごとにレベルを上げている。高度なサービスレベルがＢ２ＣからＢ２Ｂに波及し、物流業界全体を底上げしてきたことは、第1章で述べたとおりである。

かつて物流といえば「モノを運ぶビジネス」にすぎなかったが、いまでは翌日配送、再配達、小口対応など様々な付加価値のついたサービス業だ。通販や宅配を利用する消費者も、Ｂ２Ｂの事業者も、決められた時間どおりの配送を当然と考え、サプライチェーン全体を最適化するスケジュールが組まれている。周到に構築されたスケジュールはあまりにもタイトでスキがない。

例えば、荷物を九州から関東に運ぶ場合、何時何分に倉庫を出て、何時何分に中継地点に到着し、何時何分に物流センターに届いた荷物を、何時何分に納品先に運ぶというスケジュールで物流は動く。分単位にまで細かく落とし込んだスケジュールは極端な例ではあるが、これに近い例はいくらでもある。すべては、荷主と顧客の効率を上げ、生産性アップに貢献するためだ。

　こうした緻密なサプライチェーンが一つずれるとどうなるか。その瞬間にサプライチェーン全体が、ドミノ倒しのごとくガタガタと崩れ落ちてしまうだろう。

以前は、配送スケジュールはもっとラフに組まれていた。午前9時に出発予定であったとしても、実際にトラックが到着するのが午前9時で、そこから荷積みを始めるということも珍しくなく、緩さが黙認されていた時代もあったが、現在はいわゆる「遊び」がほとんどない。

　一見、効率的に見えるスキのない高度化した物流の仕組みは、もろさと表裏一体だ。

　ＢＣＰという言葉を耳にしたことはないだろうか。Business Continuity Planの略で、「事業継続計画」を意味している。自然災害、大火災などの緊急事態を想定して、万が一の事態においても損害を最小限にとどめ、中核事業を継続し、早期復旧を実現するために、平時の活動や緊急時における事業継続の方法や手段などをあらかじめ決めておく計画を指す。

東日本大震災後、このＢＣＰの重要性が注目され、事業をスムーズに進めていくために拠点を分散化する企業が急増した。しかし、一つしかなかった拠点が仮に二つに増えると、物流コストは概算で約１・４倍に跳ね上がるといわれている。１％でも２％でもコストを下げようと躍起になっているのに、いつ起きるかわからない、もしかしたら起きないかもしれない緊急事態に備えて拠点を分散すると、いきなりコストが40％も増えるのは考えものである。多くの企業がそう感じたのか、問題の重要性は残る一方で、ＢＣＰの論議自体は下火になりつつあると聞く。

【高付加価値サービスのしわ寄せ】

このように、サービスの高度化がもたらすのはメリットばかりではない。荷主も企業顧客も、そして個人顧客も、高付加価値型サービス業として高度に発展した物流を利用し、そのメリットを享受しているが、その一方で、物流会社にしわ寄せが来ている。

オンタイムでの配達が原則となり、過度な時間指定がまかりとおっていることは、物流会社にとっては頭の痛い問題である。午前9時に届けてほしいと要望され、そのとおりに配達したら、実際には9時に届ける必要などなく、荷物はまったく触られないまま午後まで放置されていた。

そんなケースもB2Bの世界では日常茶飯事だ。実際には必要がないにもかかわらず、「早く来てもらった方が安心だから」という理由で、早め早めの時間指定を要求する顧客は少なくない。

積卸作業（荷役）についても、契約内、契約外どちらの場合でも、いまだ負の遺産が残っている。ムダな時間指定の結果、多くのドライバーが自分で荷物を積み込み、自分で荷物を卸す作業を引き受けている。トラックドライバーの負荷軽減策でもある、トラックの上で荷物を受け渡す車上渡し契約であっても、出発時間を早めるために無償でこれらの作業を行っている。

荷待ち・荷役が多すぎる

荷待ちについては第1章でも触れたが、国土交通省「物流を取り巻く現状について」を見ても、トラックドライバーの長時間労働の要因の一つが、荷主庭先での長時間の荷待ち時間と荷役時間であることははっきりしている。

荷待ち時間がある運行の平均拘束時間は13時間27分。このうち、もっとも長いのは6時間41分の運転だが、荷役時間は2時間44分、荷待ち時間も1時間45分を占める。

荷待ち時間がない運行でも、荷役時間は2時間49分。荷待ちがあってもなくても、荷役時間はほぼ同程度だ。この調査を見る限り、もはや荷役はドライバーの主業務の一つといってよい（図表2－1）。

荷待ち時間だけに絞ってみると、1運行当たりの平均は1時間45分。驚くことに、2時間以上の荷待ち時間は28・7％に達している。3時間超も15・1％だ（図表2－1）。荷主のもとに出向いたが、荷積みがいっこうにできず、ただ庭先でやきもきし

図表2-1　トラックドライバーの労働条件②

●1運行の平均拘束時間とその内訳（荷待ち時間の有無別）

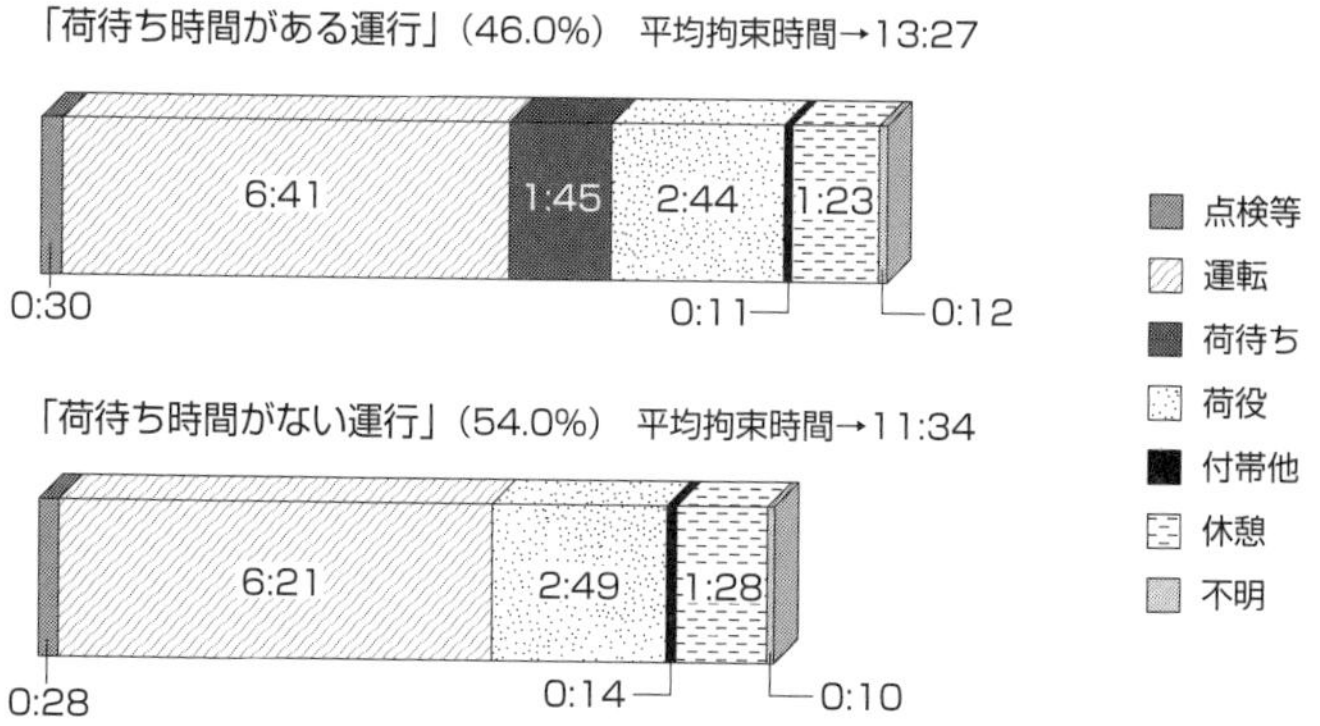

●1運行当たりの荷待ち時間の分布

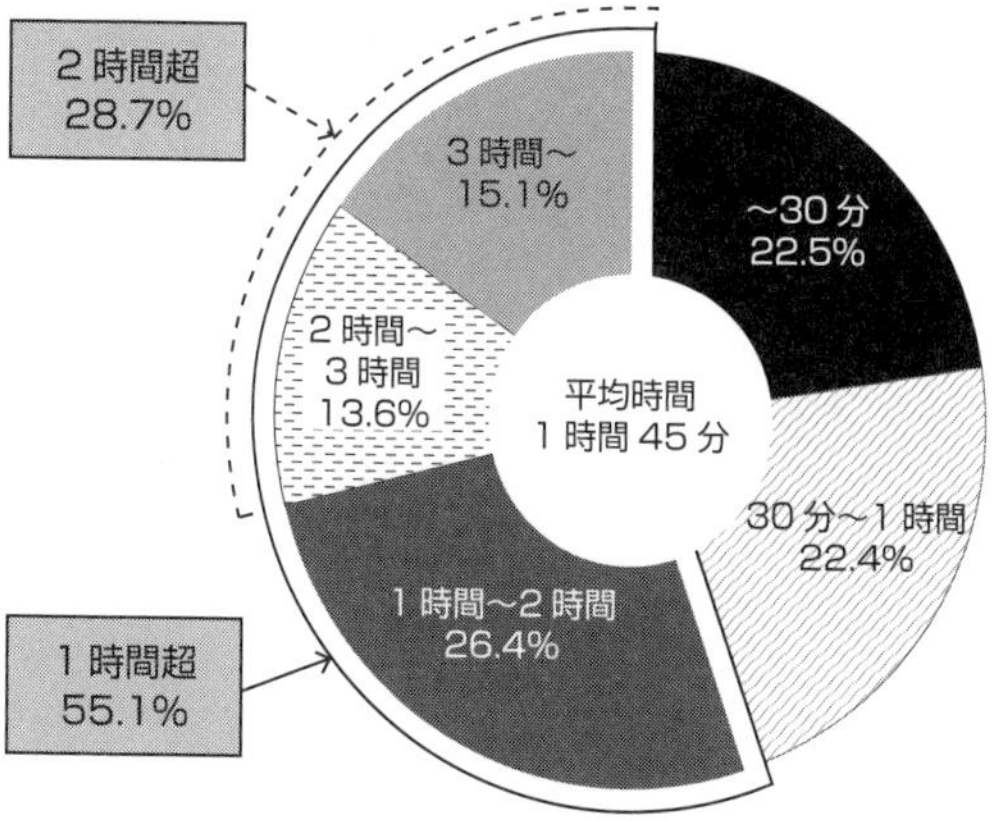

（出所）国土交通省「物流を取り巻く現状について」（2018年10月11日）

ながら待つしかないドライバーの姿が目に浮かんでくる数字である。

こうした不必要な負担を強いられているにもかかわらず、ドライバーはいま、稼げない職業の筆頭格だ。第1章で述べたように、昔のマインドではドライバーは主に稼ぎたい人たちが志願する職業であり、東京から九州まで一人のドライバーが1日で運行することは珍しくなかったが、いまはそれがかなわない。もし無理をして運行すれば違反となり、企業が責任を負わなければならない。

待ち時間が長く、しなくてもいい荷役まで強いられ、給与も良くない。となれば、おのずと志願者は減っていく。

トラック運転手と全産業全職種の平均年齢の比較を見てほしい（図表２－２）。中小型トラックでプラス３・３歳、大型トラックでプラス５・３歳も高齢化している。実は総務省の「労働力調査」（２０１７年）の年齢分布では、道路貨物運送業のドライバーは45歳～59歳が全体の44・８％、15歳～34歳はわずか14・９％だ。

一方、全産業平均では、45歳～59歳は32・８％、15歳～34歳は25・１％。物流業界の高齢化は深刻だ。

高齢化が進めば、人手不足も加速していく。有効求人倍率はうなぎのぼりだ。２０

図表2-2 「ホワイト物流」推進運動の背景

●トラック運転者と全産業全職種の平均年齢の比較

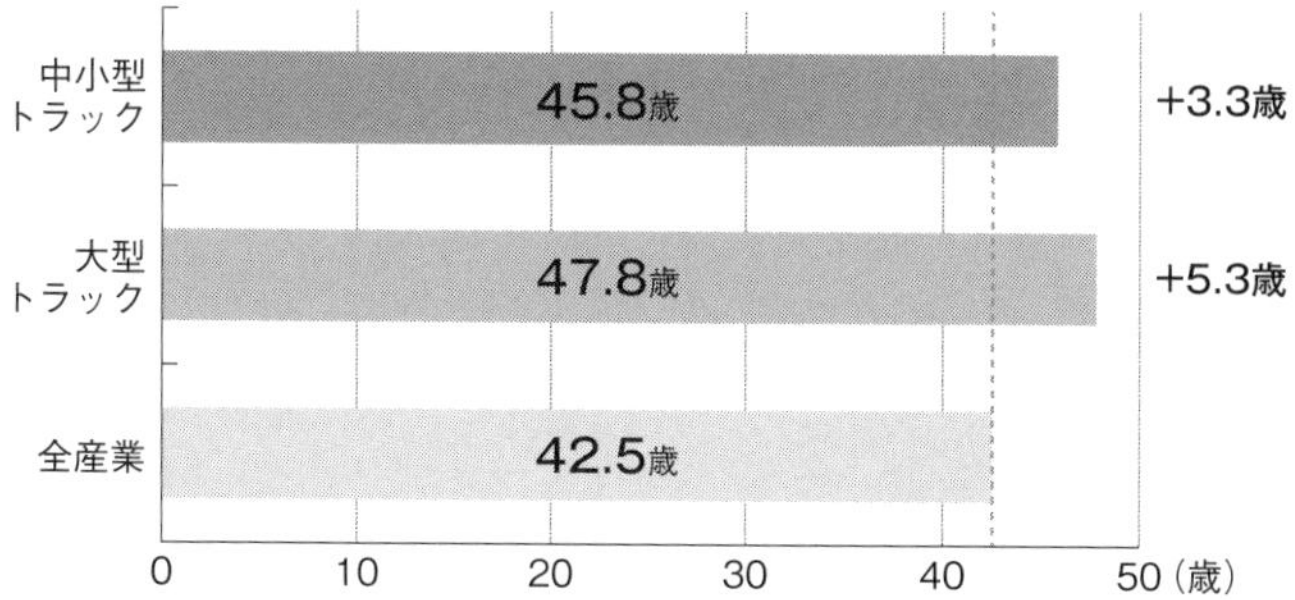

※出典：厚生労働省「平成 29 年度賃金構造基本統計調査」より作成

●トラック運転者と全職業の有効求人倍率の推移

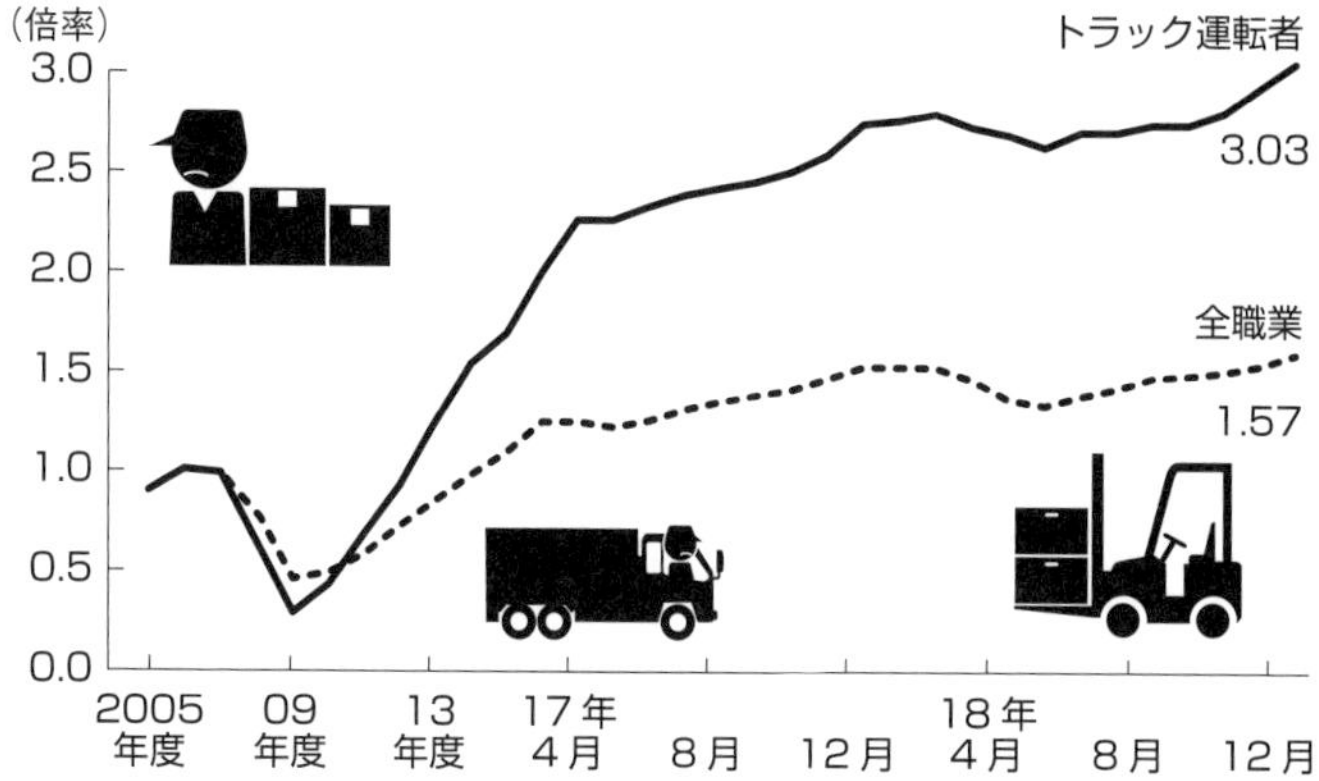

※出典：厚生労働省からの提供データをもとに作成
（出所）国土交通省「ホワイト物流」推進運動ポータルサイト

09年には0・5倍を割っていた有効求人倍率はその後、右肩上がりを続け、2018年には3・03倍に上昇した。全職業平均は1・57倍。やはり人手不足が深刻な介護職よりは低い数字であるものの、職種別に見れば、ドライバーが「なり手が少ない業種」であることは明らかだ。絶滅危惧種は、絶対数が少なくなりすぎると絶滅を免れない。いま日本のドライバーは、そのような環境下にあるのかもしれない。

高齢化するバス運転手

同じドライバーでも、多数の命を預かる旅客運送業ではどのようなことが起きているのだろうか。実はバス運転手の志望者も全国的に減少し、高齢化が進行している。低賃金で激務というイメージが強く、若者が敬遠しているため、どの事業者を見ても運転手の年齢は50歳以上が中心層だ。

警察庁、厚生労働省の調べによれば、全国のバス運転手の平均年齢は51歳。10年前と比較すると、4・4歳高い。バスの運転に必要な大型二種免許の保有者数は、過去

図表2-3　大型二種免許保有者数とバス運転手の平均年齢

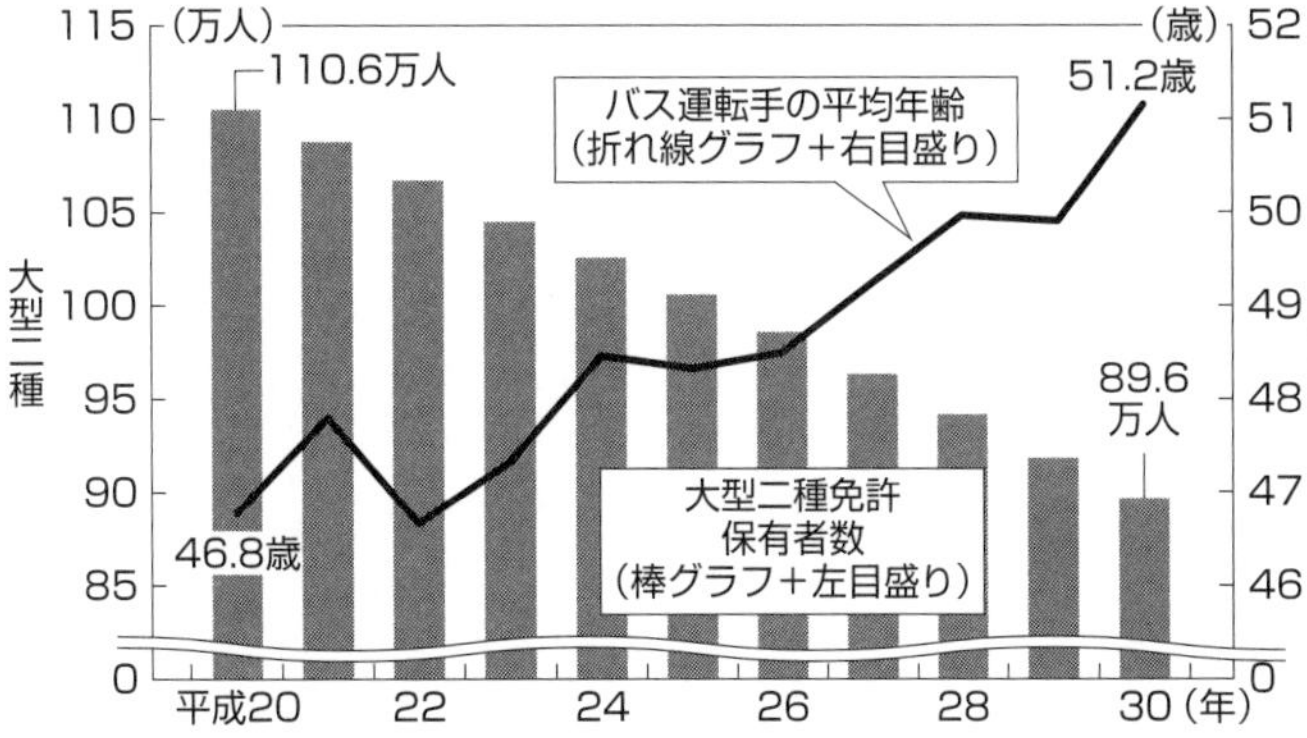

※警察庁、厚生労働省まとめから
（出所）「産経新聞」（2019年7月23日）無断転載・複写不可

10年間で20万人以上も減少した（図表2－3）。人手不足の中、シニアに頼らざるを得ない状況だ。

2018年に横浜市の国道で信号待ちの乗用車と市営バスに、後続の路線バスが追突し、7人が死傷した事故が起きたが、こうしたバスがらみの事故の背景には人手不足による過酷な過密ダイヤや過労死ラインの残業があると推定されている。

前に述べたように、運転手の労働時間については厚生労働省から改善基準が設けられた。違反した場合の罰則の対象を個人から会社にシフトした点は評価できるが、16時間の拘束（15時間を超える拘束）は週2回までというガイドラインを厳密に守っていると、現実的には運転手の生活に余裕はなくなる。

基本給だけでは暮らしが成り立たないため、残業で稼ごうとする運転手と、人手不足を補うために運転手にもっと働いてほしいと考える会社。両者の利害が一致することで起きるのが、過重労働やグレーゾーン勤務である。５日働いて１日休む、あるいは４日間連続して働き２日休むという６日間サイクルで働くスタイルが日常化するだけではなく、さらに少ない休日も返上して働く運転手も実際はいるようだ。

人手不足や高齢化により、路線の維持も難しい。すでに、事業所の中には運行本数の減少や路線の見直しに踏み切るところも出てきているが、運転手の長期キャリア育成を図り、雇用計画の見直しに着手する事業者も登場している。

例えば、姫路市の神姫バスは、２０１８年から入社１年目の契約社員期間を廃止し、全員を正社員で採用した。年収の大幅アップや退職金給付も含めた待遇改善が功を奏し、２０１９年は前年比で１・５倍もの応募があったという。実際の採用数ではないにしても、待遇の改善により応募が増えることははっきりした。

京都市交通局も２０１７年度から35歳未満の未経験者にも応募枠を広げ、入局後の大型二種免許取得に要する費用50万円は市がほぼ全額をカバーしている。２０１８年度は運転手として採用された職員のうち、約4割の39人が未経験者だった。

これらの旅客ドライバーの雇用計画の見直しは、物流業界でも検討する余地はある。

もっとも、未経験者の多さはリスクでもある。いかに未経験者を育て、プロフェッショナルへと導いていくのか。効果的な教育が不可欠であることはいうまでもないだろう。

トラック事故が増加している原因

物流のあらゆる場面で高齢化が進行し、人手不足が続いているため、熟練度の低下も著しい。高度なサービスを実現する上で欠かせない豊富なスキルやノウハウが、確実に失われている。

熟練度が低下すると、事故が起きやすくなる。交通事故総合分析センター（東京都）や国土交通省の資料によれば、トラックの交通事故件数は2011年以降、毎年減少を続けていたが、２０１７年のトラックの事故による死者数は5年ぶりに増加に転じ、16年より11人増えて、２９８人にのぼった。

タクシーやバスを含む事業用自動車の中で、トラックの事故死は最も多い。トラックによる死亡事故の分類は、「歩行者が横断中の発生」が68件、「他の車への追突」が41件、「すれ違い時の衝突など」が40件。２０１６年と比較すると、ガードレールや電柱といった工作物への衝突など、単独事故が１・５倍に増加している。

これは何を意味するのか。平たくいえば、運転が下手になっているということだ。事故の内訳は、プロフェッショナル人材が減っている現実を如実に映し出している。国交省は、２０２０年に事故による死者数を２００人にまで減らすという目標を掲げているものの、現状の流れを見る限り、実現には黄色信号が灯っているといわざるを得ない。

トラックのサイズ別に見た、死亡事故や重傷者を出した事故の特徴からも興味深い傾向が読み取れる。小型は一時不停止や前方不注意が目立つのに対して、中型で多いのが夜間の法定速度超過や右折時の対向車のスピード誤認、歩行者への注意不足だ。大型では、漫然運転や対向車のスピード誤認、歩行者への注意不足が多くなる。共通するのは、注意不足の多さだろうか。事故の背景に、おごりや「自分に限って」という意識があるのかもしれない。

これまで、コンサルティング支援をさせていただく中で、私はいろいろな事故のケースを見聞きしてきた。自社や取引先の敷地内で起こった事故は基本的に公表する必要がないため、世に出ることはあまりない。世間で報じられている事故はほんの一握りだといっていい。

求められるサービスレベルは上がっているのに、それを支えるドライバーが不足し熟練度が低下していくと、特定のドライバーに仕事が集中し、過重労働が発生する。労働時間の長時間化は、ポカミスの温床だ。サービスレベル向上のプレッシャーが高まる中、ただ「ミスを犯すな」と要求し、叱責するだけでは問題は少しも解決しない。

こんな環境ではドライバーの士気、そして定着率は下がる一方だ。現場から離れる人材が増えて、行き着く先はさらなる人手不足となる。そう、高付加価値サービスは良いことばかりではない。裏側では、様々な弊害をもたらす負のスパイラルが起こっている。

【情報管理やドライバー教育が追いついていない】

労働力不足が引き起こしているのは運転技術の経験不足だけではない。実は大手物流会社のユニフォームを着て、その企業の伝票が貼られた荷物を運んでいる配送員でさえ、実際は受託事業者だという場合もある。

別の会社のロゴ入りや、ロゴの入っていない車両で配達する配送員を見たことはないだろうか。厳密にいえば彼らは下請けで、元請け側の信用のためにユニフォームを借りて運んでいるのだ。残念ながらこうした下請けの中には十分な教育がされていない配送員もいる。人手不足の打開策として貢献している反面、情報管理の仕組みや教育が追いついていないために問題になったケースもある。

例えば、大手物流会社の配送運賃値上げによる収益減を防ぐため、あるＥＣサイトが元々は下請けで仕事をしていた配送事業者と直接契約するようになった。

しかし、この事業者は大手のような個人情報を管理する配送システムを持っておらず、SNSを利用してドライバー個人の携帯電話に配達先の情報や時間指定の変更などを伝えていた。その上、ドライバーへの教育も行き届いていなかったため、一部の男性ドライバーが配送先の女性に個人的に連絡しようとしたケースが発覚したのだ。

配送事業者からすれば下請けだけではなく、荷主から直接仕事を請けるなどして売り上げを確保したい。その営業努力の裏で、システムや教育といった業務における基盤が整っていなくても仕事を請け負ってしまう可能性が出てきてしまう。目先の利益にとらわれて管理体制が整備されないまま人をどんどん雇用すれば、必ずなんらかの問題が生じるものだ。

先日明るみに出た「ウーバーイーツ」の問題もまさにそこにある。ウーバーイーツとは配車サービスアプリ大手のアメリカ・ウーバーテクノロジーズの料理宅配サービス。スマートフォンで注文した料理を、宅配業務を委託された個人事業主がデリバリーしてくれるシステムだ。個人の力を利用した配送が物流の新たな可能性として注目を浴びているが、最近は配達時間が大幅に遅れたり、料理がこぼれていたり、その他クレームが顕在化してきているようだ。ただ、この問題も単に運ぶ側だけの問題で片づけてはいけない。物流サービスの共通問題ともいえる受け取り側である注文者の不在や、注文間違いによる受け取り拒否などもあることを知っておく必要がある。

「置き配」は日本で受け入れられるか？

高度な物流サービスによって弊害が生まれているのは日本だけというわけではない。しかしやはり、日本では厳しいサービス品質を求められるのも事実だろう。例えば、再配達による物流会社やドライバーの負担を減らすために、国土交通省や環境省が宅配ボックスの設置や置き配を推奨している。そんな中、アマゾンが日本郵便と連携して置き配を全国展開すると報じられたり、三省堂の「今年の新語2019」に置き配が選ばれるなど、徐々に注目され始めている。

ところが、ここで壁になるのが日本人の求めるサービス品質である。梱包に対する要求が厳しいのだ。

荷物の外側の梱包（パッキング）は中身を守るためにあり、その内側に包装（ラッピング）がある。梱包に多少の凹みや傷があっても、中身に影響がなければいいはずだ。

だが、通販で購入した商品の段ボールに凹みがあったら、どう思うだろうか。場合によっては「取り換えてほしい」と要求するのではないだろうか。中身に問題がなくても「お届け物として、気分が悪い」といったクレームに発展しかねない。

また外箱が傷んでいる箱潰れの商品が「訳あり品」として安く売られている現状を見ても、外箱の傷みは商品価値を下げると考えられていることがわかる。

そのような日本人の特性を考えると、荷物を外に置かれて「配達完了」とされることに抵抗を感じる人は多いだろう。置かれている間に荷物に傷がつくのではないか、玄関に荷物が置きっ放しでは不在だとわかるのではないかという不安も出てくる。

つまるところ、日本では荷物を届けるまでの要求レベルが非常に高いのだ。指定した場所と時間に確実に荷物を受け取りたい。荷物に少しでも傷がつくことはもってのほか。自分が不在であることは知らせたくないから、何度でも配達をしてもらいたい。

このような置き配のリスクが解消されない限り、国がいくら動こうとしても消費者が受け入れることは難しいし、物流会社の負担も軽減されない。ドライバーの負担は増すばかりだ。

限界があるモーダルシフトの推進

トラックを使って長距離を一気に運行することが難しくなったことから、いまモーダルシフトが再注目されている。幹線貨物輸送をトラックから鉄道や海運などの大量輸送が可能な方法に替え、ゆっくりと時間をかけて荷物を運ぶ輸送方法だ。

もともとは環境負荷の少ないエコなグリーンロジスティクスとして注目され、当初はCSR（企業の社会的責任）の一環として取り組む企業が多かったが、ドライバー不足で長距離での輸送が難しくなったことから、現在はやむにやまれぬ選択肢として利用されている。

その結果、起きているのが鉄道や船の奪い合いだ。鉄道とはすなわちJR貨物を指すが、需要が多いからといって本数が劇的に増えるわけではない。需給バランスが崩れた結果、シビアな争奪戦が繰り広げられている。

グリーンロジスティクスと呼ばれ、良いイメージを与えるモーダルシフトであっても、荷待ち問題は存在する。鉄道はダイヤが明確に決められているため、遅れはいっさい許されない。

トラックに荷物を載せ、ターミナル前にトラックをつけて荷物を卸して列車に載せ、到着駅では列車から荷物を卸したら、それを皆が待ち受けて車に再び載せ、最終目的地へと運ぶといった手間と作業時間を守るために、ゆとりを持った行動が必要となる。

作業量は船についても似たようなものだが、船に載せる場合は海水による塩害や湿気対策も不可欠である。

モーダルシフトは、製品の管理面、コスト面、そして、リードタイム（時間）面でも今日のトラック輸送サービスの代替案としては、力不足であるといわれる所以である。

荷主と物流会社のコスト認識

トラックで運んでも、列車や船を輸配送手段として使っても、前後に荷待ち時間が発生する現実に変わりはない。残念ながら、物流業界ではドライバーによる無償の付帯作業が慣習として根付いてしまった。本来は有償であるはずの作業を「サービス残業」とみなしがちである。

例えば、ドライバーの荷役作業だ。物流センターの現場作業が遅延しているために、ドライバーが手伝わざるを得ないという理不尽な光景が日常的に見られる。国土交通省・経済産業省・農林水産省の「ホワイト物流」推進運動のサイトでは、10トン車にレタスのバラ積み１２００ケース分（1ケース7～10kg程度）の段ボールを手積み・手卸しする事例も報告されている。

ドライバーの荷待ち時間の長さも、大きな問題だ。拘束時間を含めた金額が適正価格のはずだが、荷待ち問題はいっこうに解決の目途が立たない。

物流会社の視点で見れば、荷積みの前には潜在コストとして移動時間（現地情報がもらえれば予測可能な渋滞や交通規制を含む）や荷待ちなどの待機時間があり、その後の検品や荷積みも無償で支援していることもある。届け先での荷卸しの際にも、やはり無償作業、待機や復路移動があり、それも潜在コストである。

無償の作業や荷待ち時間がなくならないのは、荷主と物流会社とのコスト認識にギャップがあるからだ。荷主の大半は、走行時間のみを輸配送コストと考えているため、いま1万円を支払っているとしたら、「こんなにかからないはずだ」「もっと安くできる」と考える。実際にはその前後に埋没したコストが存在しているが、荷主は意識していない。

一方、物流会社にとって1万円分の業務範囲は、無償でやらざるを得ない検品やムダな時間を含んだ荷物の積卸し＋輸配送などで、これらすべてを含めて1万円はきつい。むしろ値上げをしてもらいたいというのが物流会社側の本音である（図表2－4）。

図表2-4　荷主と物流会社におけるコスト認識のギャップと適正価格の設定ステップ

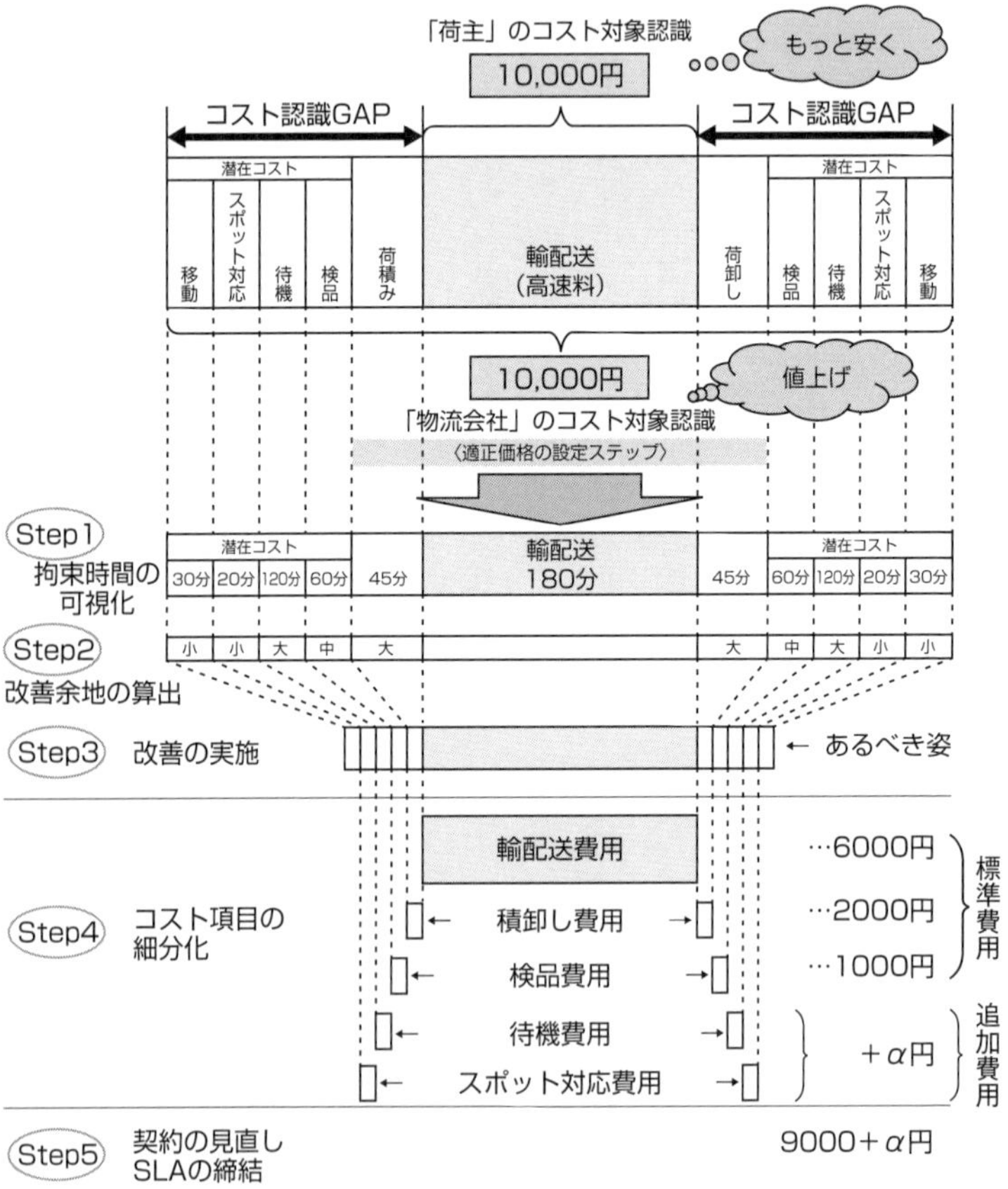

プロセス改善により業務をスリム化した後、費用項目を細分化することではじめて「適正価格」の設定が行える

まずは現状を疑い、足元を固めよう

長時間労働、人手不足、事故の可能性、無償サービスの多さなど、高付加価値化した物流によって生み出されているたくさんの弊害を解消し、安定的な物流サービスを維持していくためには何をすべきなのか。

私は、何よりもまず「足元を固めること」を提案したい。物流会社の多くは、世の中が変化し進化していることに追いつけず、目先の業務のことだけしか考えられない。従来のやり方を踏襲して業務をこなし、売り上げを立てることに精一杯――。これでは、自分を振り返る余裕は生まれない。この先を生き抜く知恵やアイデアがなければ、目の前の仕事に追われ疲弊してしまう。このように忙しさに振り回されていたのでは、薄利多売のチキンレースから抜け出すことは不可能に近い。

だからこそぜひ自分の姿を客観的に見つめ、「自社の現在地」を知ってほしい。いっぱいいっぱいの状態であるのなら、なおさら現状を診断し、省みることが必要だ。

現在地を知り、足元を固めることなしに効果的な改善はできない。

自らの現状を「これでいいのか」と疑い、実態を把握した上で、ありたい姿を明確化しよう。そして、ありたい姿と現在地とのギャップを冷静に捉え、目標設定をすることだ。

といっても、ハードルが高すぎて、どこから手をつけたらいいかわからないという企業は多いだろう。その場合には、プロによる物流簡易診断をお勧めしたい。本来は、本格的な物流診断が望ましいが、活動の第一歩として時間とコストを抑えて自社の問題、現在地を大枠で捉えられる物流簡易診断は次の一歩を明確にする有益な手段である。本格診断と簡易診断の違いは、精密検査と簡易検査のような深さの違いと考えてもらえればよい。

簡易診断は、特に以下のようなケースに効果てきめんだ。

- ・現状の問題点を改善はしたいが、大掛かりなコンサル支援には腰が引けてしまう
- ・現状がベストでないと感じてはいるが、具体的な問題点が整理できていない
- ・問題点が多岐にわたり、何から手をつけていいか、どのように対応すればいいかが

わからない
・設備の老朽化に伴い、投資計画を立てたいが、目指すべき姿が描けない
・ＩＴシステムを導入して、効率化を図りたいがまず何をすべきか知りたい

改善の必要性を痛感してはいるが、実態が掴めておらず、道筋が見えてこない。そんな企業が簡易診断を受ければ、踏み出すべき最初の一歩が見えてくる。この最初の一歩が突破口となり、今後の活動イメージが具体化していくはずだ。自分で自分を疑うのが難しいのであれば、適切な他者（プロ）の手を借りることである。

人間の体と同じで、簡単でもいいから診断を受けると、自分のどこが悪いのかが見えてくる。ＩＴシステムをシステムベンダーに丸投げして導入した結果、当初想定していた姿にならず逆に苦労をしているという話をよく聞くが、それは診断をせずにいきなり高額なサプリを飲んでいるようなものだ。ＩＴシステムを導入するのであれば、なおのこと診断は欠かせない。診断の結果を受けて、自分たちに合ったサプリを選んでほしい。

チェックシートを使った「簡易診断のポイント」

簡易診断ではどのような点を見ればいいのか、私がふだん行っている簡易診断のやり方やポイントを紹介しよう。

まず物流現場を診断する際には「定性」「定量」双方の側面からチェックする。

「定性評価」とは、現場視察などで得られる数値で表せない情報をもとに評価（診断）すること。「定量評価」とはシステムデータ、管理データ等の数値を分析し評価（診断）することである。ここでは、定性評価を中心に説明していく。

診断は、基礎編、経営・上級管理者編、現場管理者・現場編の3つに分かれ、さらに細かく6つの項目に分けられている。

〈基礎編〉

①基本動作

挨拶

身だしなみ

〈経営・上級管理者編〉

②現状認識力

業界動向認知度

データ分析実態

自社課題設定力

③実行力・機動力

改善マインド

改善実績

〈現場管理者・現場編〉

④職場環境

5S（整理、整頓、清掃、清潔、しつけ）

現場環境：適正照度、温度、マテハン、通路幅等

オフタイム環境：休憩所、トイレ、やすらぎ空間創出等

物流簡易診断チェックシート ＜現場視察・ヒアリング編＞

日付：　　　　診断回数：　　　　　　　　観測者：

職場：

				すばらしい	⇔	できている	⇔	できていない	メモ
				5	4	3	2	1	
基礎編	①基本動作	挨拶	対　同僚						
			対　部下						
			対　上司						
			対　訪問者						
		身だしなみ	経営者 管理者						
			社員						
			その他						
経営・上級管理者編	②現状認識力	業界動向認知度							
		データ分析実態							
		自社課題設定力							
	③実行力・機動力	改善マインド	経営者 管理者						
			社員						
			その他						
		改善実績							
現場管理者・現場編	④職場環境	5S （整理、整頓、清掃、清潔、しつけ）							
		現場環境 適正照度、温度、 マテハン、通路幅等	基本設備						
			疲労軽減 追加策						
		オフタイム環境 休憩所、トイレ、 やすらぎ空間創出等	基本設備						
			疲労回復 追加設備						
	⑤業務の整流化	慌ただしさ、歩行スピード							
		滞留、停滞、判断時間の長さ							

＜コメント＞

⑤業務の整流化
慌ただしさ、歩行スピード
滞留、停滞、判断時間の長さ
⑥具体的な問題抽出

以下、①〜⑥の項目について解説しよう。

①の基本動作では、挨拶や身だしなみを見る。物流の現場では、度が過ぎた腰ばきなど、だらしない格好で働いている人を見かけることがある。腰ばきのパンツが悪いわけではないが、許容範囲というものがあるはずだ。サービス業である仕事場にふさわしい服装であるかどうかのチェックを行おう。

挨拶は、管理職、現場の社員、さらにはパート従業員や派遣社員も含めて、全員が挨拶をしっかりとしているかをチェックする。物流センターは複数階の多層階構造で、それぞれの階が一国一城のような独立した職場になっていることが多いため、1階の従業員はきちんと挨拶するが、3階、4階で働く人たちは挨拶をまったくしない、ということも珍しくない。挨拶や身だしなみをチェックする際には、すべての階に目を向けよう。そして、物流センターを視察・見学されているお客様がいる場合は来訪者に対する挨拶も要チェックだ。

なぜ挨拶や身だしなみを見るのかといえば、その現場がちゃんと管理されているか否かを測る指針になるからだ。管理者に現状認識力や統率力が欠けていると、挨拶は行われず、身だしなみも崩れていく。一事が万事というように、センター長の管理能力は挨拶や身だしなみによってある程度、測ることができる。

挨拶や身だしなみからは、コミュニケーション力も読み取れる。末端の従業員といっさいコミュニケーションを取らないというセンター長は意外なほど多い。名前も知らない、知ろうともしない。パート従業員の新陳代謝が激しく、たびたび入れ替わるからといってセンター長がコミュニケーションを取ろうとしなければ、職場の風通しは悪くなるだけだ。

挨拶や身だしなみ、コミュニケーションは、「物流はサービス業」であるという自覚の表出である。

自分たちの立ち位置を理解しているか？

経営者や上級管理者に対しては、②の現状認識力を確認している。

私がトップの方にまず尋ねているのが、「自分たちの立ち位置」についてだ。業界において自分たちの立ち位置はどこなのか、物流のサービスレベルが高度化し続けていく中で、自分たちはどの地点を目指しているのかを聞いている。

その答えによって、最新トレンドをどの程度把握しているかも知ることができる。物流業界で戦っていく以上は、業界のトレンドについて無頓着ではいられない。自動化・省人化、ドローン、ＡＩ、ＩｏＴ（Internet of Things：モノのインターネット）やＭ２Ｍ（Machine to Machine：機械間の情報通信）、ＲＰＡ（Robotic Process Automation：ロボットによる業務自動化）、物流マッチングサービス、ホワイト物流など、自分たちがいますぐにそのトレンドに対応するかどうかは別として、物流業界に影響を与えているキーワードを理解し、トレンドをキャッチアップする姿勢は経営層には欠かせない。

そして、当然のことながら定期、不定期にどのようなデータ管理をしていて、どう活用しているかも確認する。

トレンドに対する知識と自分たちの立ち位置、目指すべき姿。ここがはっきりしていれば、改善に着手しやすくなる。一番良くないのは、トップが業界動向、データ分析、自社課題の3点に無関心なことである。どこを目指すか、会社をどこに導いていくのかを決める第一歩は現状認識力で決まる。

会社の成り立ちによっても現状認識力は違う

③の実行力を知るために、私は現場の責任者レベルにも話を聞いている。確認しているのは、何をやり、どんな改善をしてきたのか、そして、どれぐらいのスピード感で進めてきたのか。機動力についてもチェックする。

例えば、責任者が「これ、うちはできていないんですよ。やらないといけないんですが」といったら、「どうしてわかっているのに、やらないんですか」と聞いてみる。そこで「いや、ちょっと時間がなくて」という答えが飛び出したら、機動力がないということだ。すぐに問題解決に取り組まない機動力の低い企業は取り残されていく。必要を感じたらすぐに行動に移すのが改善の大前提であり、成長に欠かせない条件だ。

現状認識力は、物流を専業にしている会社なのか、物流子会社なのか、あるいは荷主の物流部門なのか、成り立ちによっても異なってくる。物流子会社の場合、基本的に責任者は親会社から出向してくることが多く、物流についてよく知らないこともある。営業出身の人やバックオフィス（間接業務）出身の人が責任者として着任してきた場合、物流に対する知識が乏しいということもよくある。

親会社から送られてきた物流子会社のトップの、「どうせ私は数年しかいませんから」と驚くような発言を耳にしたこともある。在任中は波風を立てたくないと考え、改革に乗り出して失敗したら本社に帰れなくなるというのが本音なのであろう。

子会社の場合、仕事の大半は親会社から降ってくるケースもまだまだ健在だ。「もっと外部顧客の仕事を取りに行こう」と外販強化をうたう会社もあるが、多くの場合、攻めの姿勢が弱く、思ったほど成果が出ていないようだ。

物流会社の経営の舵取りをしていく上では専門知識が不可欠だが、そうした人材が親会社から送られてくることはあまり期待できない。これは、物流業界にとどまらず子会社の常である。思い切って花火を打ち上げ、成果を残したいというトップは少ないのではないだろうか。ロジスティクスの重要性については以前と比べればかなり認知はされているが、戦略的に動く企業はまだまだ少ない。基本的には「外部（専門会社）にやってもらえばいい」という意識が強いのが実態である。

働きやすい環境をつくるために意識したいこと

現場を視察し、現場管理者に話を聞くときには、④で挙げた職場環境を入念にチェックしている。具体的には、整理整頓や清掃、清潔度、教育に関する内容だ。

整理整頓や清掃を本業の片手間としか考えていない企業は多いが、働く人のモチベーションを左右する職場環境は、労力を注いで行う必要がある重要な項目である。清掃に関しては、私は必ず「いつ清掃をしていますか」と尋ねている。

このとき、「特に決まっていません」と答える会社と、「何時と何時に必ずやっています」と答える会社とでは、見事なほどに清潔度が違う。清掃に対する意識の違いが、清掃状態に反映されるからだ。

働きやすい環境であるか否かも、重要な診断項目だ。従業員の疲労を軽減するような対策がとられているかどうか。まったく手つかずの会社もあるが、働き方改革の進行で以前よりは働く人が仕事をしやすく、疲労が溜まりにくい環境を整備する会社が増えてきたのは喜ばしい傾向だ。

働く環境には、照度（明るさ）も大きな役割を果たしている。物流センターに出かけてみると、暗く感じることがよくある。照度が足りず、昔の古い蛍光灯が非常に高い位置につけられていて、まったく光が入ってこない。そんな物流センターもしばしば見られる。

暗い環境でミスをするな、もっと元気に仕事をしろといわれても、無理な話だ。照度は想像以上に、働く意欲や仕事の成果を左右する。暗い環境で、生き生き活発に仕事をこなしていくことは難しい。照度もまた重要なチェックポイントだ。

きれいに掃除されたトイレ

もう一つ、ぜひチェックしたいのが温度だ。物流センターは温度変化をダイレクトに受けやすい構造になっている場合が多く、夏は暑く、冬は冷え込みやすい。日が照れば暑く、気温が下がれば寒くなり、1日の中でも寒暖差が激しい日がある。

室内であるにもかかわらず、気温が低い日には手袋をして防寒しなければ仕事ができない現場もある。しかし、手袋をすると作業がしづらく、手袋をつけないと手が乾燥しカサカサになるため、女性スタッフには嫌がられる。物流センターの構造を変えることはハードルが高いので、せめて「ハンドクリームを常備しましょう」と提案するが、簡単なことなのに実施に至ることが少ないのは残念でならない。

モノの保管・運搬などの物流業務を効率化するために用いられるマテハンも職場環境の重要な構成要素だ。通路にはモノを置かず、通行しやすいように整備されているか、こうした細部にも目を向けたい。

喫煙所や休憩所、トイレの状態もチェックが必要だ。特にトイレは女性のモチベーションに影響を与える。しかし、働き手としては女性が多いのに、管理するのはほとんどが男性のためか、女性の細かなニーズに対応していないトイレが目立つ。働く人に快適に仕事をしてもらえる環境づくりは管理責任者の役割だ。

これまでいろいろな物流センターに足を運んだが、いまでも記憶に残っている印象的な物流センターがある。トイレに行くと、ほぼ毎回同じ従業員の方が丁寧にトイレ掃除をしている。だから、いつもトイレはピカピカだ。

あまりにトイレがきれいに保たれていることに感動して社長に聞いてみたら、「少しハンディキャップがあり、人との接触が苦手なため、手始めにトイレ掃除を担当してもらったら、喜んでコツコツと仕事をしてくれている」という。私は思わず、「このセンターで一番素晴らしいのは、あのトイレの掃除をしている方です。お客さんが利用したらそのきれいさにびっくりするはずです」と大絶賛したことがある。あれから数年、いまでも彼は最高の環境を保ってくれている。

トイレが美しいと、働く人が気持ちよく使えて、来訪者にも好印象を与える。トイレが果たす役割は侮れない。

【従業員はアスリートではない】

業務については、⑤の整流化レベルがチェックポイントだ。実際の作業現場を見学すると、どこに引っかかりがあるのかがよくわかる。作業がスムーズに流れている工程もあれば、ところどころでストップしてしまう工程、業務が滞りがちな工程など様々だ。

流れを良くするためにはまずはやり方、順序を見る。例えば、ある食品メーカーの食品の箱詰め作業現場で、商品の詰め間違えが頻繁に起こり、ミス防止のために過剰な時間をかけて作業していた。そこで、食品の箱詰め作業の際に、間違った場所に小分けされないように、箱の内側に色分けや模様分けをほどこすことで、作業者が都度判断しなくてもよい仕組みとした。

赤の目印がついた場所にある食品は箱の赤い部分に入れ、青い目印の場所の食品なら青い部分に入れる。このやり方ならミスを減らせる。効力があるのは、「やれ」という精神論の指令ではなく、誰もが簡単にできる仕組みづくりである。

また、よく目にするのが、従業員が走り回っている現場だ。従業員が走らなければならないということは、手戻りの発生や、非合理的な配置、動線になっているということだ。てきぱきと仕事を進めることと、走らなければ仕事が迅速に進まないのとはまったく違う。追求すべきは、業務をスムーズに進められる整流化である。

私はよく、「皆さんはアスリートじゃないんですよ」と話している。走ったからといって賞金はもらえない。従業員が走ったら、ただ疲労が増すだけだ。そんな環境が好ましいはずがない。走っている＝頑張っている、と考えるのは誤った認識である。行ったり来たりするのはムダそのもの。ムダに動かず仕事ができる環境こそ一番効率がよく、仕事が進む。

以上が①〜⑤までのチェックポイントだ。ここまではさして時間がかからない。物流センターを見学すれば、一通りのチェックはできる。⑤まで済めば、簡易的な診断（第一ステップ）は一旦終わる。特殊な物流センターを除けば、物流現場の作業の8割方は同じことをやっているのではないか。その現場ならではの特徴や特殊な作業があるとすれば、なぜそれが必要なのかという問題意識を持って視察を行う。

①〜⑤の結果をもとに行うのが、⑥の問題点の抽出だ。現場をつぶさに見ることで浮かび上がった問題点を集約するプロセスである。

過剰品質に陥っていないか？

過去に多くの物流診断を行ってきたが、意外なほど①の基本動作が身についていない現場が多かった。売り上げに関して高い目標を掲げているが、足元を見ると、挨拶もろくにできていない。そうした会社がまずやるべきことは、営業をプッシュすることではなく、基本動作を徹底することだ。

現場スタッフの身だしなみに問題があり、基本的な挨拶もできない会社は、基盤が不安定な状態にある。基盤が固まっていないのに、上に枝を伸ばそうとすれば根本がぐらつく。最初に着手すべきは、①の基本動作である。

⑤で挙げた業務の整流化が行われていない現場も非常に多い。ある食品メーカーの流通加工業務を受託している現場では、一個一個、手作業で箱にリボンを結んでい

た。箱にリボンを結び、ハサミで端をカットして形を整える作業は手間がかかる。繁忙期ともなれば、作業量は膨大だ。結び直しも多発していたこともあり、この流通加工を受託した企業の収益はかなり圧迫されていた。リボンをつけるにしても、現状品質を維持しながらより効率的な方法はあるはずだ。

ところが、発注元の荷主企業から「手で結ぶ」という指示を受けているために、現場作業者は疑問を持たず黙々と非効率な作業を続けていた。リボンを手で結んでいるから真心が込められると考えているのかもしれないが、それは買い手である顧客にはなかなか伝わりにくいものである。そもそも、食べるときにリボンは最初にほどかれ、それ以降、日の目を見ない。手作業は尊いと信じ込み、そこにコストをかけるのは過剰品質だと感じてしまう。

物流の現場には、手を抜きすぎたことで問題が発生することもあれば、手をかけすぎて非効率を招いているケースも多々ある。後者に属するこの食品メーカーは、自分たちがつくっている商品の価格、作業にかかるコストと委託コストがアンマッチである。もし、数百万円の指輪や何億円もの貴金属であれば丁寧に手をかけたとしてもコスト的にはそう大きな影響はない。リボンを手で結び、潤沢な作業費を支払ったとしても発生する費用は微々たるものだ。

だが、このメーカーがつくっている商品はどちらかといえば高級品ではあったものの、高級な宝飾品とは違う。価格に見合わない過剰品質はコストを大きく押し上げる。何にコストをかけるべきか、正しく判断する必要があるだろう。

管理者はオペレーションのプロではない

この物流センターでは、手で箱にリボンを結ぶ作業を、長年、パート従業員が延々と続けていた。慣習にもなっていた作業を見直すことができたのは、手作業により創出される価値に対して「これだけコストがかかっています」「こうすれば同一品質でありながら効率化できます」と数字をもとに荷主を説得したからだ。

パート従業員が主体となって働く現場では、基準が不明確という問題もある。といってもルールがまったくないわけではない。ベテランのパート従業員そのものがルールとなって機能しているのだ。

すべてではないが、ベテランのパート従業員は自分の主観で間違いを指摘しているケースもある。だが、そこには明確な基準はなく、あくまで属人的な判断だ。だから、伝承されることも少ない。

現場のことを知り尽くしているベテランのパート従業員に、経験が浅い社員は特に対抗できない。「この工程はムダなのではないか」と口をはさもうものなら、「必要だからやっている」と返され、社員はすごすご引き下がる。そんなシーンを何度も目にしてきた。

こうした職場ではどのように対応すればいいのだろう。私はいつも、管理者にこういっている。

「彼らはオペレーションのプロで、あなたたちは管理のプロなのだ」

管理者の役割とは、現場で働く人たちが作業をしやすい環境をつくってあげることに尽きる。だから、従業員がやっている作業が「ムダ」と主張するのではなく、具体的にどうすればもっと楽に、正確に仕事ができるかを提示することである。彼らの働きやすい環境をつくるという視点で本気で考えられたアイデアであると感じてもらえれば闇雲には反対されないであろう。

【半製品で運べないのか？】

過剰品質でコスト高に悩んでいた会社の例をもう一つ、紹介しよう。

この会社は親会社がつくる精密機械の荷役から配送手配までが主たる業務だ。繊細な製品なので、注意深く丁寧に運ばなければならない。そのため、海外に輸出する際にはお手製の木枠梱包を利用していた。

製品を外部の衝撃から守るため、まず段ボールに入れ、その上から木枠で梱包し、釘を打ち付けるという厳重な梱包を行っていたが、これがコスト高を招いていた。

木枠はただではない。木の上から打つ釘にも費用がかかる。工程が増えれば人件費もかさむ。

そこで梱包を見直した。安全性を確保した上でできる有効な策はないのか。浮上した案が、精密機械を二つにばらし、半製品として梱包する方法だ。

その製品には出っ張りがあり、そのままの形で運ぼうとするとどうしても箱を大きくする必要があるが、分解して二つの小さな箱に分けることができれば輸送コスト（積載ロス）が抑えられる。二つに分けた製品は到着後に簡単に組み立てられるため、問題はない。

「この製品を運んでほしい」という依頼は、「その製品をそのままの形で運ぶ」とイコールではない。完成品を運ばなければならないと考えるのではなく、出っ張りやはみ出た部分、特殊な形については、外せないのか外れるのか、その後の組立作業の難易度などを考え、半製品で運ぶ選択肢も考えた方がいいだろう。

品質維持を前提に分けて運べば、コストはトータルでいくらになるのか、従来と比べていくら下がるのか。その数字を荷主に伝えるのが物流会社の付加価値だ。「別の方法にすれば1個当たりのコストが３０００円下がります」と伝えれば、荷主も前向きに検討を始められる。どのような運び方をすれば作業が軽減できるのか。品質も担保しながら安価に運べる方法を模索したい。

なお、梱包方法を荷主と相談して決める際には、営業担当者だけではなく、必ず物流担当者が入った方がいい。荷主側から「これを運んで」といわれたときに、物流のプロの目でフィルターにかけるのである。

そうすることで、梱包方法を最適化することができる。部品を外せば、既存の段ボールに納まりやすくなるかもしれない。外せるか、現地で組み立ては容易か、そして何より運びやすいかの確認が取れれば、費用対効果の高い梱包設計が可能になる。

あいまい契約の排除

物流診断で問題点を抽出した結果、営業を見直し、契約のグレーゾーンをなくすことに成功した例もある。

大手小売店を中心に什器をレンタルしているこの会社の悩みの種は、貸し出した什器の返却の遅れだ。この会社がレンタルしている什器はバラエティに富んでおり、顧客の心を掴む競争力のある商品を多数抱え、売り上げは上々だった。にもかかわらず、収益が思わしくなかった。

原因は、営業が回転率を上げるためにタイトなスケジュールでレンタル契約を締結していたことにあった。無連絡でレンタルが延長され、返却日にトラックを回しても返却されない。トラックは空のままで戻り、別途、回収に向かわなければならないという手戻りが発生していた。

期間延長自体は悪いわけではない。問題は、遅延（延長）が通知されず、遅延した場合に発生するリスクについて考慮が足りていなかったことだ。返却遅延だけであれば超過料金の請求でクリアできるが、次にレンタル予約が入っていた場合は大変だ。次の顧客に対して欠品を招いてしまう。

また、什器に想定外の破損が起きるなどして、次の顧客へのレンタルができない事態にも直面していた。そのため、回避策として必要以上の在庫を保有せざるを得なくなったのである。

戻ってきた什器をきれいな状態に戻すのにもコストがかかっていた。生産コスト、遅延によるコスト、メンテナンスコスト。様々なコストが利益を押し下げていたが、それが放置されているのは、営業マンが売り上げで評価されているためだ。

売上至上主義が蔓延してしまうと、営業は利益を軽視しがちになる。しかし、それでは忙しいばかりで利益は出ない。では、どうするか。

シンプルに諸悪の3要素（ルール、スケジュール、メンテナンス）の改善に取り組んだ。やはりこういった企業ではルールがあいまいな場合がほとんどだ。そのため、まずは契約ルールを見直し、わかりやすく明文化した。その上で全社員への周知の上、顧客へ展開した。ポイントは、誰もが同一に理解できるルールの明文化である。

そして、過度にタイトなスケジュールを制限し、かつそれぞれの製品を延長する余地がどれくらいあるかを共有できるように、個別管理していたスケジュールを一元管理し、機会損失リスクを軽減した。

最後の仕上げはメンテナンス改革だった。実は製品自体にも問題があった。耐久性が低く毎回メンテナンスが発生している製品については製品設計から見直し、繰り返し利用に耐え得る仕様に変更した。ものづくりにおいてしばしば起きている、製造原価を抑えた結果、ランニングコストがかさばってしまう「安かろう、悪かろう」の解消である。

こうして、製品強度の向上とともにメンテナンス資材とやり方の改善を実施した。

自分たちの「ありたい姿」を目標にする

簡易診断を行ったら、ありたい姿を明確化し目標設定を行おう。このとき、ありたい姿が単なる夢物語に終わってはいけない。高度なサービスを実践している物流先端企業に引っ張られすぎて、現実味のない「ありたい姿」を掲げてしまうと、目標達成は困難になる。

足元を見つめた上で、まずは現実的な「ありたい姿」を目標にする。やりたいこととやるべきことの見極めも肝心だ。目標といいながら、どちらかといえばやれることをやっている会社が多いが、自分たちがいまやれることをやるだけでは、問題の根本的な解決には至らず、大きな効果を生み出せない。

物流会社の幹部や現場社員に、「なぜその作業が必要なのか。やる意味があるのか」と尋ねると、答えを持っていないことが非常に多い。返ってくる答えの多くは、「昔からやっているので」「前任者がやっていたから」「お客様の意向なので」だ。

これは閉鎖的な思考である。自分たちがなぜその業務を行っているのか。本当にやる意味があるのか、ないのか。自分たちの「いま」を疑うことがないまま業務を続けていては、問題解決はできない。

自らを知るためには、まず現状に疑問を持ち、問題意識を育てていくことだ。やれることではなく、やるべきことをやろう。簡易診断はそのための有効な手段である。

やるべきことをやり続けるサイクルをつくろう

もう一つ重要な点は、決めたら必ず最後までやり通すことだ。

日本企業は全体で決めたにもかかわらず、やり通すのが実は苦手だと感じている。中期経営計画にしても、立てることが目標となり、完遂することへのパワーを感じないことがある。計画の完遂は最大の目標であるはずが、そこへ至る道程や費やされた努力が美化されてしまっているのではないか。中期計画がうまく進まないまま、なんとなく萎んでしまい、その責任が問われることもなく、次期中期計画立案に突入する。悲しいかな、こんな状況を目にすることがある。しかし、目標は達成することにこそ、意味がある。作業着のＳＰＡ（製造小売業）として飛躍的に業績を伸ばしているワークマンは、中期計画に期限を設けず、何年かけてでも結果を追い求めて実現させていることをご存じだろうか。

現場作業や工場作業向けの作業服や安全靴の専門店チェーンであるワークマンは、２０１１年３月期から９期連続で増収増益を続けている。２０１８年度、２０１９年度（見込み）は2年連続で、売上・利益ともに2桁アップを記録。すでに店舗数はユニクロを超え、一般層の利用も増えている。ワーキングユニフォーム業界にとどまることなく利用者の裾野を広げ、ユニクロ超えも期待されている注目企業だ。

責任者を替えることなく、一度目標を掲げたら、ひたすら達成に向けて走り続ける。だから期限は設けない。ワークマンが躍進している背景には、そうした企業姿勢も大きく作用しているのではないだろうか。

【実践は一度で終わらせない】

診断をしたら、やるべきことをやり続けて、やりきるサイクルをつくっていきたい。先にも述べたが、簡易診断をする上ではプロの力を借りることは有効だ。人は病気になったら病院に行く。病気を防ぐために、健康診断や人間ドックを利用する。会社であっても同じである。未病や健康維持のためには、客観的な目で自らの現状を知ること。それが自社にふさわしい改善のスタート地点である。

もちろん自力で診断し、改善を行っていく方法でもいい。

ただし、これは言うは易く行うは難し。労力を使う割には効果が小さい。気がつけば疲弊し、モチベーションも低下してしまって、一度きりの実践で終了する危険もある。

しかし、実践が一度で終わってしまうと改善にはならない。また、片手間や我流で行ってしまうと、中途半端な形で終わってしまう。改善実施サイクルは繰り返しやり続けることが重要だ。まずは情報収集に努め、情報を選別し、使えそうなモノを蓄積し、議論をしたい。その上で情報を改善アイデアに変換し、実行するのである。

実行したら、できたこと、できなかったことを明らかにし、次に備えよう。問題解決は七転び八起きだ。

物流業界を取り巻く環境は常に変化している。一つも問題がない完成された企業は存在しない。変化している以上、常に問題は起こる。起こるのが当然だ。だからこそ常に、問題を解決しようとする姿勢と意欲、行動力を持たねばならない。

問題解決とは、問題を確実に消し去ることを意味している。表面的には解決したように見えても、問題の根っこが残っていれば、それは問題解決ではない。

確実に問題を消し去るために必要なのは、問題を出し切ることだ。膿を出し切らなければ怪我が完治しないのと同じである。そして、この問題解決のサイクルが習慣となるように繰り返し行っていくことである。

改善・改革は即実行

自社に適した改善には、すぐに実行に移す行動力も求められる。診断をしたものの、結果を見るだけで終わってしまってはいけない。時間があいてもいけない。即実行する行動力が肝心だ。

すぐに行動に移さない企業の多くは、判断する勇気が持てないでいる。何かをやってそこでうまくいかなかった場合の責任が取れない、責任を取りたくない。こうした思考は、結局は衰退の道を選んでいるのと同じである。

責任を取りたくない、衰退したくない、ひたすら頑張れば、なんとかこのまま現状維持ができるのではないかと漠然と考えていると、いつまでたっても行動できない。

長く事業を継続している物流会社の経営者や幹部の中には、思い切った手腕を発揮しにくく、現場任せとなりがちで、「おまえら、しっかりやれ」と号令をかけるが、自らはなかなか行動に移せないでいる人も見受けられる。

しかし、それは経営者、幹部としては無責任ではないだろうか。ただ「やれ」ではなく、何を具体的にやるのかを指示しなければ、現場は動きようがない。正しい判断ができず、改革に二の足を踏む。これは物流業界に限らず、日本の産業界全般に通じる話だろう。

しかし、もうそんな余裕はない。業界に根付く非効率的な慣習を改善し、物流の担い手として安定的な供給を図っていくために、いまこそ各社で自分たちの現状に見合った改善を実践すべきである。

次章からは物流会社編、荷主や顧客編に分けて、物流改善を進めていく上での視点を解説している。物流会社だけでなく、荷主や顧客（企業、消費者）についても「やるべきこと」をまとめているのは、物流会社単独ではなく三位一体で行わなければ、本当の意味での改善や改革に繋がらないからだ。

意識を改め、行動を変える必要があるのは物流会社だけではない。物流のステークホルダー（物流に関わる利害関係者）全体だ。物流会社やドライバーだけが改めれば済む問題ではない。物流サービスの安定供給に欠かせないのは、物流会社、荷主、顧客による三位一体の取り組みである。

業務の整流化がＩＴシステムを成功に導く

この章の最後に、ＩＴシステム導入の効果を最大化するためのポイントについて触れておきたい。ＩＴシステムを導入する際には、まずは業務の整流化を目的とした業務改善をし、業務遂行効率の最大化のためにＩＴシステムを活用するという意識を持ってほしい。

ただ現状は、業務改善プロジェクトとＩＴ導入プロジェクトが分断されているため、多くの企業がＩＴシステム導入の効果を最大化できずにいる。敗因は、ＩＴシステムをなんでも実現してくれるスーパーマンと誤認し、高機能なＩＴシステムさえ導入すれば業務が最適化されるという幻想を抱いていることだ。

ＩＴシステムはスーパーマンではない。支援ツールである。導入効果を最大化するには、まずは導入の目的を明確にし、業務を整流化させること。非効率な業務を見直し、整流化した後、はじめてシステム化が有効な領域が見えてくる。システムベンダーが推奨する機能をなんでも取り込むのは失敗のもとだ。

そのためには、業務改善を推し進めプロジェクトを円滑に推進するプロフェッショナルのプロジェクト管理者、そして経験豊富なＩＴシステムコンサルタント、３つの領域を強力にサポートしてくれるＩＴベンダーやビジネスコンサルタントの関与が欠かせない。

ＩＴシステム導入効果を最大化するためには、ＩＴベンダーや導入コンサルタントだけでは力不足で、ＢＰＲ（ビジネスプロセスの最適化）と的確なプロジェクト管理が不可欠であることを覚えておいてほしい。

第3章

〈実践〉物流企業が取り組むべきこと

ＥＣＲＳの原則を使え

多くの物流企業で基礎体力が不足している点については前章で指摘した。物流企業として本来備わっているべき基本的な考え方やスキルが不足しているため、改善を進めようにも進められない。そうした企業こそ、地盤固めのための基礎体力を培ってほしい。

とはいえ、改善の具体策がなかなか出にくいことは、これまでの企業支援の経験から実感している。そこで、この章では問題発見に苦しむ企業への助け舟として、改善を進める上で必要な視点や具体的なアイデアを紹介していこう。

業務改善を図るには、まず業務に関わる手順や環境をしっかりと洗い出し、その中から問題を見つけなければならないが、これがなかなか難しい。問題を洗い出そうとしても、どこから始めたらいいのかがわからないからだ。

しかし、ここに時間をかけてしまうと改善自体にブレーキがかかる。そもそも、業務内容すべてをきれいに洗い出すには途方もない労力が必要となるため、洗い出しの段階で頓挫してしまうことが多い。なんとか洗い出しには成功したが、そこで疲れ果てて、問題発見そして課題解決まで至らなかったというのでは意味がない。

　そうした事態を防ぎ、業務改善のアイデアをスムーズに出すために効果的な視点が、ＥＣＲＳの原則だ。

「Eliminate：排除」、「Combine：結合と分離」、「Rearrange：入れ替えと代替」、「Simplify：簡素化」の頭文字を取ったＥＣＲＳの原則とは、業務改善を実施する上での順番と視点を示している。もともとは製造業の生産性向上のために開発されたが、物流会社も含め、様々な場面に適用できる普遍的な原則だ。

　ＥＣＲＳの原則で考えると、改善効果が高くなる。改善が過剰や過小に陥ることなく、適正なレベルの改善を実現しやすい。不要なトラブルも最小になるという効果もある。

「Ｅ」→「Ｃ」→「Ｒ」→「Ｓ」の順番で考えよう

ＥＣＲＳの原則の「ＥＣＲＳ」は、改善ステップの優先順でもある。「Ｅ：排除」→「Ｃ：結合と分離」→「Ｒ：入れ替えと代替」→「Ｓ：簡素化」の順番で改善視点を考えて、実行する。

1．Ｅ：排除（やめられないか）

「Ｅ：排除」では、不要な業務・なくせる業務を考えていく。具体的には、シンプルに業務の目的や最終目標を再確認することだ。目的を確認し、それぞれの業務が本当に目的達成に繋がっているかを見つめ直す。そうすると必要のない工程やなくなっても構わない業務が少しずつ見えてくる。大事なのは小さな成果で構わないので成功体験を掴むまで根気強くやることである。

排除するだけなら、コストも手間も小さく済む。思い立ったらすぐに実行できる。改善を進めるにあたって、最初に取り入れていきたい重要な視点である。

2．C：結合と分離（一緒にできないか／分けられないか）

「E：排除」の後に検討すべき視点が、この「C：結合と分離」だ。「二つの作業を同時に行うことはできないか」「二つの機能を統合できないか」、あるいは「分けて行えないか」という視点である。

複数の業務を同時に処理できないかを検討してみよう。社内や現場を見渡せば、類似の業務や同時に行える業務が意外に多いことに気づくはずだ。業務を一つに統合し集中して行えば、重複した業務やそれに付随する設備や道具、備品類を減らすことが可能になり、業務をスリム化できる。

逆に、一つの業務を分けて別の時間帯にやれないかも検討してみよう。それによって待ち時間やロスを減らせることもある。

結果、効率化を図れるのだ。「E：排除」ほどではないが、「C：結合と分離」も比較的実行しやすい。

3．R：入れ替えと代替（順序を変更できないか）

作業の順番や場所、担当者の入れ替え等を変更する視点が、この「R：入れ替えと代替」だ。「作業の順番を変えることはできないか」「作業を代わりの人でできないか」という視点である。

作業を最も効率良く遂行できる順番に並べ替えて、業務の再設計を行おう。業務プロセスを処理する順番を再設計することで効率アップが期待できる。

また、作業場所や担当者の変更についても検討したい。「E：排除」や「C：結合と分離」に比べると手間はかかるが、「R：入れ替えと代替」を行えば、大幅に作業時間を削減できる可能性がある。

4．S：簡素化（単純にできないか）

「作業そのものや作業手順を簡単にできないか」「チェック作業を単純化できないか」という視点で、業務の一部の省略化を図るのがこの「S：簡素化」だ。作業の手間や要する時間のほか、精神的な負担や肉体的な負担も対象となる。

目的を達成できるのであれば、作業は簡単な方がいい。報告・連絡の方法や内容をもっとシンプルにできないのかと考えてみるのもいいだろう。書類のテンプレートを用意したり、データの自動入力を行うことで、簡素化を図れる業務は多いはずだ。

簡素化には、ミスを軽減するというメリットもある。現場をつぶさに見ていくと、意味なく複雑に処理している作業や工程が見つかる。その場合、担当者が自己満足で複雑にしている可能性は否定できない。複雑な業務を遂行することこそが自分の仕事と考えているかもしれない。

遵法上必要とされる理由などがない限り、複雑であることになんらメリットはない。本当にその手間が必要なのか、必要以上に複雑化していないか、しっかりと見極めることが重要だ。その上で、簡素化、スピード化の最終兵器であるＩＴシステムの導入を検討してほしい。

なぜなら、これがＩＴシステム導入の効果を最大化する勝利の方程式であるからだ。

意味がないまま繰り返されている業務はないか？

私は物流コンサルティングを行う上で、このＥＣＲＳの原則を常に意識している。何かを見たり聞いたりするたびに、「それはやめられないのか」「一緒にできないのか」「順番は変えられないのか」「もっとシンプルにできないのか」と考えるのが習慣になっている。

企業を支援する際に、私が必ず業務について「どうしてそれをやっているのか」と担当者に尋ねているのはそのためだ。「やる必要が本当にあるのか」「なくてもいいのではないか」という疑問が、改善の突破口になる。

社内や現場には、特に理由がないまま行われている業務がいくつもある。

前任者がやっていたから、なんとなくそうなっているから、この業界ではそういうものだから――。理由も根拠も明確な動機もないのに、ただ繰り返されている業務はムダでしかない。

日本人には「これまでやってきたことであれば引き継がなければならない」という考え方が強くある。しかし、これは考えものだ。ムダを生む根源になっている。

このムダを排除するためには、特にＥＣＲＳの原則の「Ｅ：排除」を意識して行おう。すべての業務に対して一旦立ち止まり、「本当にやる必要があるのか」を問い直してみてほしい。

増えすぎたＫＰＩに振り回されていないか？

当たり前のこととして行っている業務であっても、いざその目的を再確認してみると、時間の経過とともに目的が薄れ、あるいはなくなり、いつのまにか「やること」すなわち「手段」が目的化していたということはよくある。「Ｅ：排除」の視点は手早くできて、大きな効果が期待できる。

この「Ｅ：排除」を検討するときには、作業や業務、工程といった目に見えるモノばかりではなく、数値目標についても見直しを行っていく。その代表例がＫＰＩだ。

ＫＰＩとはKey Performance Indicatorの略であり、重要な業績評価の指標のことだが、いま多くの企業では増えすぎたＫＰＩに頭を抱えている。「キー」であるから意味があるのに、管理者が替わると、前任者が管理していたＫＰＩに新しい管理者が設けたＫＰＩが次々と上乗せされ、管理指標が増えていく。

時流に合わせて一度白紙に戻したり、過去のＫＰＩの見直しを図ったりすることなく、新しいＫＰＩが積み重ねられ、気がつけば管理しなければならない指標だらけ。不毛なＫＰＩデータの収集、分析、原因究明、対策立案で身動きが取れない状況となっている。こんな事態に心当たりのある企業は多いのではないだろうか。

ＫＰＩ地獄に足を踏み入れるとどうなるか。担当者はＫＰＩデータの収集にやっきになる。ＫＰＩから何を読み取るかではなく、数値を出すことに知力体力を奪われる。

せっかくの管理指標も、以下の質問に答えられないようであれば、日の目を見ることのないただのお飾りとなってしまう。

Ｑ１　そのＫＰＩは何のために必要か？
Ｑ２　その数値を見てどんなアクションをするか？
Ｑ３　そのＫＰＩを達成した結果、どうなったか？

いかがだろうか。数値を出すことが目的化してしまえば意味がない。いま一度、ＫＰＩの必要性を再確認し、必要がなければ「Ｅ：排除」に踏み切った方が健全だ。

モーダルシフトの役目が変わってきた

第2章で、トラックを使った長距離運行が難しくなったため、モーダルシフトがやむなく選択肢として利用されていると述べた。このモーダルシフト率をＫＰＩとして掲げている企業もあるが、疑問を感じてしまうケースも散見される。

一昔前であれば、モーダルシフトはＣＳＲの取り組みとしての意義が大きかった。よって、競争力強化視点ではなく、社会貢献するために取り組む施策であり、数値目標を掲げる意味は確かにあったと思う。

だが、いまは社会的意義というより、そうしなければ物流が回らないというのが利用する主な理由の一つになりつつある。環境保全、CO_2削減視点から輸配送の一手段としてモーダルシフトを活用しているのではなく、苦肉の策として用いているためにモーダルシフト率が上がっているケースも多い。

モーダルシフトは、地球の環境を考える上でも進めていかなくてはならない物流手段だ。CO_2排出量の削減は企業の大切なミッションであり、その比率を上げていくこと自体は間違ってはいない。ただし、いまでは役割が変わってきていることに留意する必要があるだろう。

物流が問題なく回っている中でモーダルシフト率を積極的に上げていこうという時代と、モノを正しく届けること自体が難しくなった時代とでは、モーダルシフトが意味するところはまったく違う。いまでもモーダルシフトをＫＰＩに設定し、やれ比率が５％になった、10％になったと報告している会社は、そのモーダルシフト率の維持・向上の目的を再度確認してほしい。

ある会社では、十数年前に部長がいち早くモーダルシフト向上を掲げ、その後も変わらずモーダルシフト率をＫＰＩに設定していた。時が経ち、現在の担当者にモーダルシフト率を設定している理由を尋ねても明確な回答はなく、単に報告対象の指標となっているからという答えが返ってきた。この例のように、置かれている環境が変わったために意義を失ったＫＰＩは意外に多いのではないか。多すぎるＫＰＩはもう「重要指標」でもなんでもない。

必要なのは、そのＫＰＩがはたして本当に必要なのかという視点である。仮にいま

20個、30個のＫＰＩがあるとすれば、思い切って少なくすることを考えてみよう。ＫＰＩの断捨離だ。これまで指標だったからといって、これからも指標であり続ける必要はない。適正なＫＰＩだけに絞り込むことである。

ムダな習慣を打破できないか？

従業員が書類に1枚1枚、手書きでサインをしている。丁寧に手書きで書類を作成している。どちらも物流の現場ではおなじみの光景だ。

しかし、手書きは本当に必要だろうか。そのような手間をかけずに済む方法はいくらでもある。

時間をかけて書類を手書きしているベテラン社員に、簡単にシステムで出力する方法を提案したことがあった。その従業員は即答した。

「手書きの方がよい」と。

そこでさらに、どうしてかと尋ねてみると、「手書きでないとドライバーさんが見てくれない」「印字をすると、ただのコンピュータの文字になってしまうし、印字では見づらい」という。

見づらいのであれば、文字を拡大したり目立つような工夫をしたりして印刷すればいいとアドバイスしたところ、今度は「私はドライバーさんのために書いている」という答えが返ってきた。その業務は新人さんに担当させた方がいいと提案すると、「これは私の仕事だ」という。

この場合、スタッフの答えになんら論理的根拠はない。理由があるとすれば、「自分が長年その仕事をやってきたから」だけだ。「手書きすること」自体が目的になっている。

そうした人に「必要がないからなくせ」「やめろ」といっても、ことは簡単には運ばない。それは習慣と同じだからだ。長年の習慣を崩されることに人は強い抵抗感を持つ。ムダな習慣を自分から潔くやめるのは難しい。自分ではムダと思っていないことがほとんどだからだ。

意味のない習慣を断つには、第2章で紹介した物流簡易診断が効果的だ。特にこのような状況下では、プロの力を借りることが賢明であろう。

テクノロジーを使ってミスをなくせ

物流の現場には、手書きに関するムダが多く潜んでいる。荷主や顧客から配送依頼の電話がかかってきたので、その内容を一旦メモし、エクセル転記を経てシステムに入力している現場がある。ファックスで入ってきた注文も同様に、エクセル↓システムという順番で入力しているところも多い。

しかし、入力回数が増えれば増えるほど、転記ミスの確率が上がっていく。転記ミスは単なる「間違い」にとどまらない。もし、その商品が消費者の口に入る食品の原材料だとしたらどうか。転記ミスによって間違った商品を届け、類似品に気づかず最終製品化され、それを食品アレルギーのある方が食べてしまったら、重大事故になる可能性もある。

転記ミスをなくすには入力回数を極力減らすしかない。もっとも効果的なのはテクノロジーの力を借りることだ。顧客情報を一元管理するCRM（顧客管理）のシステムを導入すれば、電話を着信した時点で自動的に顧客情報を把握することも可能だ。いつ、どのような商品を、どれだけ注文してくれたのか。注文履歴も一目瞭然だ。同一商品であれば注文数を更新するだけで、基本入力が完了する仕組みなどにすれば、転記ミスを劇的に減らすことができる。

もしファックスで手書きの注文が入ったとしても、ＯＣＲ（光学的文字認識機能）を使えば転記ミスを極少化することができる。ＯＣＲの認識技術は年々上がり、読み取り精度は近い将来１００％に届きそうな勢いである。

一方、これらシステムの価格はどんどん下がってきているのもありがたい限りである。ファックスで書かれた内容が正確にデジタル化されれば、以降のデータ連携もスムーズだ。

物流業界にはファックスを使って発注をかける企業がまだまだ多いが、デジタルで照合できれば、人が目で見て突き合わせる機会は激減するであろう。こうした改善策は、「Ｅ：排除」の視点がベースになっている。「入力する回数を減らす方法はないのか」という疑問を持つことではじめて有効な解が見つかるのである。

「仕事をやった気持ち」に惑わされてはいけない

特定の人に仕事が集中し、大量の仕事を抱えている――。

どこでもありがちな光景だ。この場合、仕事ができる人だから仕方がない、仕事ができるからその人に任せた方がいい、と結論づけるのではなく、「C：結合と分離」と「R：入れ替えと代替」の視点で確認することをおすすめする。

本当にその人一人に集中させていいのか、その人が仕事を複雑化させている可能性はないのかを考えるのだ。これは、「S：簡素化」とも関連するが、非常に簡単であるはずの仕事が複雑化されていることはよくある。必要以上に丁寧に手間をかけて仕事をしているために時間がかかって、仕事が溜まっている可能性も疑った方がいい。

無意味に複雑化し、他者にはよくわからない仕組みになっている。ムダに時間を費やして、仕事が過剰品質に陥っている。こういったケースは多いのだ。

複雑化させ、手間をかけると「仕事をやった気持ち」は得られるが、この気持ちは効率化とは対極にある。まとめられないのか、分けられないのか、シンプルにできないのか。私も常に自問している視点である。

業務の必要性を判断する8つの問いかけ

ここまで述べてきたように、やるのが当たり前だと考えられ、ルーチン化している業務の中には、重要性がさほど高くないものがいくつも含まれている。

会議もそうだ。なくしたとしても、業務そのものに影響がない、単なる「習慣」として開かれているだけの会議も多いのではないだろうか。

・その仕事は本当に必要なのか
・そのタイミングでやる必要があるのか
・まとめてやる必要があるのか
・分けてやる必要があるのか

・その人にしかできないのか
・もっと簡単にできないのか
・妙なルールが適用されていないか
・不必要に丁寧に仕事をしていないか

ＥＣＲＳの原則に照らし合わせて、こうした疑問を持ちながら仕事の周囲を見回してみてはどうだろうか。いま手掛けている業務をＥＣＲＳの観点で評価し続けると、様々なムダや無理、不合理が見えてくるだろう。そして、業務の可視化の次は業務の整流化のための改善実施である。

「2倍と2分の1」の法則

作業をもっと短時間で済ませるように命じたり、もっと作業量を増やしてほしいと単純に依頼をしても、なかなかうまくいかないと嘆く声は多い。

もっと効率的に進められるのではないかと疑問に思う業務があっても改善策が出てこないことはよくある。それは経験値不足も否めないが、小さく考えてしまうことで発想力までも小さくなってしまっているからだ。

現状を疑い問題点を抽出するには、「2倍と2分の1」の法則が効果的だ。専門家による分析を経て改善を進めるにせよ、自社で責任者を置いて改善を進めていくにせよ、視点と発想を手掛かりに進めていくことになる。ＥＣＲＳの原則と「2倍と2分の1」の法則は、「効率的な改善」へと繋がるはずだ。

例えば、社内で改善プロジェクトを任された担当者はこんな視点を持ってほしい。「同じ時間で2倍の量をやるには」「半分の時間でやるには」どうすればいいか。そう考えることで発想力は格段にアップする。業務量を10％削減したいと思ったとき、10％削減できるピッタリな方法はなかなか浮かばない。だが、2分の1というキーワードをもとに思い切った発想に切り替えると大胆なアイデアが生まれやすい。結果的には半分まで減らすことは無理でも、10％程度であれば削減できることもある。

ときには突拍子もないアイデアも出てくるが気にする必要はない。時代や環境が変われば画期的な良策に生まれ変わることもある。このような思考ロジックの繰り返しやアイデアの蓄積が企業の底力となっていく。そして、経営者や管理職がこういう改善プロジェクト担当者を現場で育てていくことも企業の地盤固めになっていくのだ。

一方、傍から見ればムダがたくさんある仕事であっても、実直に業務を遂行している現場の社員。彼らには、ドラスティックに「2倍」、もしくは「2分の1」というキーワードを用いて改善策を説明すると効果的だ。プライドを傷つけずに、業務の効率化を目指す新しい方法に移行できるだろう。

具体的な改善視点：荷役・保管編

【複写式伝票のいま】

ここからは、荷役作業や保管作業に絞って具体的な改善視点を挙げてみよう。まずは、物流現場でまだまだ主流となっている「複写式伝票」。

一度の印刷で複数枚重ねられた用紙に同一内容が印字されるこの伝票はおなじみであろう。はたしてこの複写機能は今日、本当に機能しているのだろうか。

プリンターの価格が高く、印刷速度が遅かった時代には、一度に複数枚出力でき、複数の部門で同じ情報を共有できる複写式伝票は重宝された。レイアウトの自由がきかないという不便さはあったが、コストパフォーマンスに優れた方法だったことは間違いない。

だが、荷扱い商品が多様化し、ロット管理や他部門の要求項目が著しく増えたいまとなっては、多用途で使用される伝票は使いづらくなってきている。出力する項目が急増したことで、苦肉の策で文字を小さくして詰め込みすぎた。プリンターの機能が格段に上がり、価格も安くなり、すっかりオフィスの必需品になったいまとなっては、複写式伝票の存在意義は薄れてきているのではないだろうか。

現場で複写機能の伝票を使っている理由について尋ねると、ほとんどの場合、明確な理由は返ってこない。負の遺産と化した伝票をいまだに良いもの、使って当然のものだと思い込み、使い続けるのは悪しき習慣だ。

いっそのこと、ペーパーレス化まで進めば御の字だが、紙伝票が前提であれば、伝票は必要なときに必要な種類を必要な枚数だけ出力すればいい。不用意な多用途化は避け、不要な項目は削った方がいい。

エクセルの機能を使い倒す

会社であれば使ってないところがないほど標準的なソフト、エクセルについても改善が必要だ。というのも、せっかくエクセルを使っていながら、その機能を使いこなしている企業となるとほんの一握りだからだ。この現状はいつも残念で仕方がない。

エクセルの機能は豊富で、多岐にわたっている。ちょっとしたITシステムと同じ程度の機能が備わっているといっても過言ではない。エクセルを効率的に使えば省力化が可能になり、非効率に消費していた時間は確実に減らせる。

しかし、現場を見る限り、多くの会社で、単に数字を打ち込む目的でしかエクセルが使用されていない。機能をうまく使えば、隣のシートに転記することなく、簡単に反映できるにもかかわらず、毎回毎回、数字を入力している。いってみれば、エクセルの機能が遊休化しているのである。

もっと機能を使いましょうとクライアントに指導すると、はじめは嫌がられることがほとんどだ。現状のやり方を変えることに対する抵抗感があったり、面倒くさいと感じたりするのだろう。

しかし、ともかく実際にやってもらうと、誰もがその優れた機能に驚く。毎回いちいち手書きをしていたものが、一度エクセルに入力するだけで済むようになるのだから、マジックのように見えるのかもしれない。

最初の段階での抵抗をなくすには、実際にどれだけ便利な機能であるかを体感し、納得してもらうに限る。面倒だと思うのは最初だけだ。作業が格段に効率化することに感動し、すぐに操作に慣れてくる。

手間をかけたからといって、仕事の精度が上がるわけではないのだ。わざわざ導入する手間もコストも必要なく、無用な手間を省ける便利なツールがすでに会社にあるのなら、それを使いこなさない手はない。

帳票形式の呪縛

エクセルについては、入力形式を帳票と同じ形式にしたがる人が多い。印刷レイアウトどおりに入力することが正しいと誤認している（図表3－1）。

しかし、エクセルの中に帳票の印刷レイアウトをそのままつくり込んでしまうと、入力作業が面倒になる。帳票のようなレイアウトは見せるためで入力向きではない。そこにデータを入力し計算をしようとするから、管理が複雑になってしまうのだ。

これを解決する方法は簡単だ。入力と出力の形式を切り分けること。入力する際には入力しやすく、並べ替えやデータ抽出、集計がしやすいようにデータベース形式を採用し、出力するときにヘッダー、フッター項目、グルーピングなどの集計結果を好きな場所に配置できるレポート形式の2パターンを用意するだけである。はじめは苦戦するかもしれないが、慣れれば意外と誰でもできるようになる。入力形式と出力形式は効率を意識して、別物と考えよう。さもないと複写式伝票の二の舞になる。

物流業界ではエクセルをレポート形式のみで作成している企業が非常に多いが、これは日本の多くの企業に共通する悪習ではないだろうか。入力と出力を切り分けるだけで、一気に効率アップを実現できる。エクセルを印刷レイアウトで入力する形式の資料は撲滅しよう。

図表3-1　入力形式と出力形式の分離

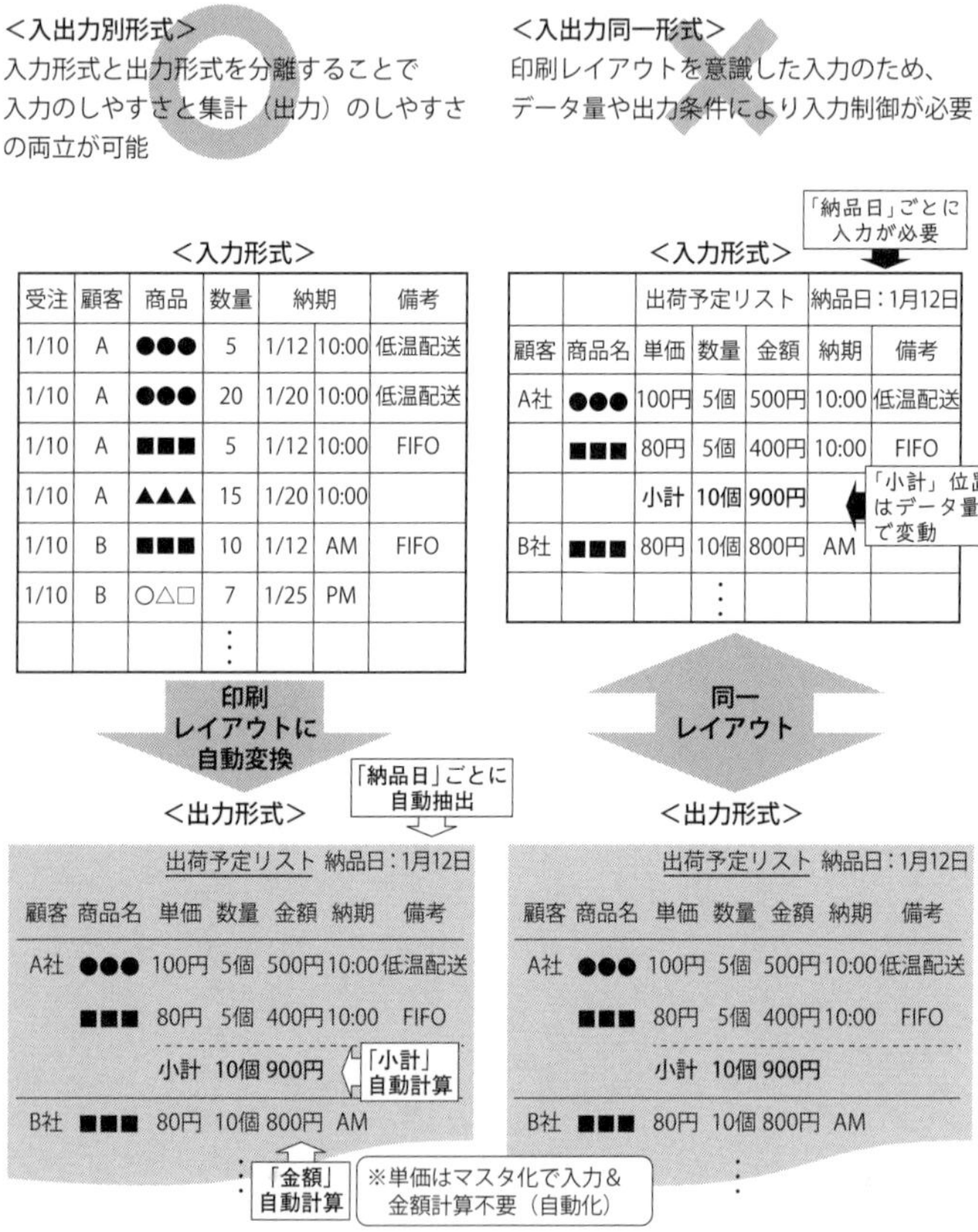

読み間違いが起きやすい横長帳票

帳票に関していくつも苦言を呈しているのは、ちょっとした工夫や変更で大きな効果が得られるからだ。帳票はぜひともメスを入れたい業務ツールの一つである。縦長の伝票を使用する会社が増えている中で、物流業界ではいまだに横長の帳票が幅を利かせている。

なぜ横長帳票をおすすめしないか。実際には物流業務に不要な項目まで掲載された長い一行を左から右に追いかけて見ていくと、数量ミスや読み間違いが起きやすくなるからだ。薄い罫線が入っているぐらいでは、文字や数字を読んでいるうちにいつのまにか一つ下の行を見ていた、ということがよくある。多くの帳票で確認項目である「数量」などが一番遠い右端にあることがその原因だ。

数量間違いは致命傷だ。正しい商品を正しい量だけ届けるのは物流サービスの基本である。この基本を揺るがしかねない帳票は早く卒業するに限る。

もし仮にどうしても横長の帳票を維持したいのであれば、間違いが起きにくい仕組みをつくる。例えば、ゼブラスタイル（白地の行と網掛けまたは色付きの行を交互に表示）にすると、行を間違えることが起きにくくなる。ただ、ゼブラスタイルへのシステム改修となるとハードルが高くなってしまうので、簡単に購入できるゼブラ柄がはじめから印刷された帳票を一度試してみると良い。

マークを駆使するのも一つの解決策だ。星印（★）、米印（※）やアスタリスク（＊）をつけるだけで、注意喚起レベルは数段上がる。こちらもシステム改修前の効果検証としてスタンプなどを代用してみることをおすすめする。

ただし、やたらと星印をつけてしまっては意味がない。大事なのは重点ポイントが一目でわかるマークをつけること。視認性を高める視点で取り組んでほしい。

目的は、正しい物流サービスを実現することだ。そのためには、自分たちがミスをしにくい環境をつくり上げる必要がある。

一番いけないのは、昔からやっている方法になんら疑問を持たず、ただそのままやり続け、間違いが起きてもそこから何も学習しないことだ。これは「改善をしません」と宣言しているのと同じである。

【多重検品より一球入魂検品】

検品の現場では、多重検品による気の緩みをチェックしよう。多重検品は、何度も重ねて検品するのだから、より間違いが少なくなり精度が上がると思われがちだが、必ずしもそうではない。

物流センターでは、検品ミスにより間違った商品を出荷してしまった場合、ミスを避けるために2次検品を導入するところがよくある。もし、2次検品でもミスが出てしまったら、さらに3次検品を設ける。そうして何段階にもわたって検品を行っている物流センターを目にするが、これでミスを防げているかというと残念ながらそうではない。

いまミスをしても2次検品がある、2次検品でミスを犯しても3次検品で発覚するだろうという思いが気の緩みを招き、いつまでたってもミスが発覚せず、最終的に間違った商品を出荷してしまう。

「後がある」と思うと、人は油断し、鈍感になり、真剣に検品をしなくなる。人間はどうしてもミスをするものだが、自分が発見しなくても、後で他の人が見つけてくれるだろうと思えば緊張感がなくなっていく。

では、どうするか。ミスの発生要因を出し尽くし、確実にミスを撲滅できる仕組みをつくり、「最後の砦だ」という意識で一球入魂の検品を行うことだ。

先ほど、複写&横長の帳票だと物流業務に不要な項目が満載で見づらいと指摘したとおり、重要な業務に使用する帳票の項目は必要最低限にとどめたい。こちらもＩＴシステム化が難しい場合は即席ツールとして帳票と同じサイズの厚紙を用意し、検品に必要な項目の場所だけをくりぬき、かつ、色分けなどの工夫を施した即席検品ツールを一度使ってみてほしい。これだけで検品精度は格段に上がるはずだ。

検品を1回で済ませられる仕組みをつくらない限り、検品回数は3回、4回、5回と増えていく。増えたからといってミスを撲滅させられる保証はない。

「ミスが多い」と指摘されると、「対策として三重検品にした」と答え、検品体制の手厚さをアピールする企業もあるが、それは何のアピールにもなっていない。何回検品をしてもミスがなくならないと自ら告白しているようなものだ。ザルの目の粗さは恥ずべきことではあっても、自慢できる事柄ではない。

2回が3回に増えたらコストがかさむだけだ。本当に目指すべきは「1回でミスが見つかる仕組み」である。

合理的な作業環境をつくる

物流現場でいつも気になるのが、不必要に立って作業をしている従業員が目につくことだ。あるアパレル会社の物流センターでは、採寸作業を行っている従業員が皆立ったまま仕事をしていた。その作業ならなぜ座ってやらないのだろう。そう疑問を感じて尋ねると、「他の工程の人は誰も座っていないから」というではないか。

特定の工程に携わっている従業員だけが座って作業をすると、他の従業員から「あの人たちばかり座って仕事をするなんて、ずるい」と思われる。全員一律に立って作業をしているのは、不平等感をなくすための対策らしい。

しかし、ピッキングをする場合には歩かざるを得ないが、このセンターで行っている採寸業務なら、座って落ち着いた姿勢で取り組んだ方が間違いなく生産性、品質ともによいはずである。

この方法に変更できないのは、作業の目的よりも、他からどう思われるかが優先されているためだ。目的を果たすためには何が必要なのかという視点があまりにも欠けている。

別のケースで、作業をするテーブルがすべて同じ高さのため、背の高い人や低い人が作業をしづらいという現場もしばしば目にする。人員が流動的な職場で都度テーブルの高さを変動させるのは難しいという声が聞こえてくるが、視点を変えれば簡単に解決できる。何パターンかの高さの足場（台）を用意しておけばいい。作業者が自分に合った台を選んで使用すれば即問題解決だ。

また、立ち作業の疲労軽減策も考えてほしい。立って作業をする際に足元に使うクッション材は簡単に手に入る。倉庫現場のコンクリートは硬い。スニーカーといえどもずっと立って作業をすると足元がつらくなるが、そこにちょっとマットを敷くだけで疲労感が違ってくる。

クッション材がもたらす効果は大きい。疲労感が減るだけではなく、「私たちのことを会社はちゃんと考えてくれる」という思いが生まれ、モチベーションに繋がっていくのだ。

ちょっとした工夫で現場は変わり、働く人の意識も職場内の雰囲気も変わる。「立って仕事をするのが当然だ」「前からそのやり方だったから」「とにかく全員平等に」と考えるのはもうやめよう。誰もが楽に効率的に仕事ができる合理的な環境をつくる方がずっと建設的だ。

モノにはできるだけ触らない

荷役・保管業務においては、ぜひ「タッチレス物流」を徹底してほしい。

「タッチレス物流」とは、文字どおりのタッチレスではないが、モノに触る回数を極力減らす物流である。流れている最中はモノにできるだけ触れない方がいい。「触る＝リスク」といってもいい。

モノに触ると壊れる可能性がある。壊れないまでも汚れるかもしれない。取り上げて、元に戻すときに置き場所を間違える可能性もある。こうした不測の事態を回避するには、むやみにモノには触らないことだ。

もしどうしても動かす必要があるのなら、ちょこちょこと何度も動かすのではなく、最少回数で移動させることを心掛けよう。多重検品を避け、一球入魂の検品の方が確実なのと同じである。

物流の現場を視察すると、仮置き用の場所が目につく。名称こそ仮置きだが、モノがずっと置かれたままになっている。つまり、実質的には「仮」ではなく、「本置き」だ。出庫する前のほんの一瞬だけ置いているのではなく、いま混み合っていて場所がないから、とりあえずそこに一定期間置いているというパターンが多いのだ。

本当ならば仮置き場ではなく、本来の場所に置くべきだが、そこはモノであふれているから、仮置き場をつくらざるを得ない。

仮置場にモノが長く置かれている現場はほぼ、整理整頓が徹底されておらず、ミスを誘発しやすくなっている。便利そうに見えて、仮置き場は生産性が低く、リスクの高い現場の象徴だ。モノにはできるだけ触らない、仮置き場はつくらない、が原則である。

【動線設計は時間と負荷の両方を減らす】

物流センターの動線についても、いま一度チェックしよう。動線は従業員が作業をしやすいように設計されているはずだが、中には距離だけを物差しにした不完全な設計となっている動線もある。

距離が短いだけの動線は、効率が悪く、作業しづらい場合がある。動きやすさは床の材質や傾斜、照度などいろいろな要素によって左右される。暗い場所、明るい場所、傾斜のきつい場所など、そして取り扱う商材の特性が考慮されていない動線は、実際に歩いてみると非効率なコースであることがわかる。

スムーズな動線を考える上では、人の目線も考慮しなければならない。モノをピッキングしやすいようにするには、人の視線や目線を意識した設計が必要だ。

ある物流センターでは、商品のロケーションを示す掲示板が天井近くの高い場所に、しかも1カ所だけに設置されていた。これでは、遠くからの確認には適しているが、近距離で確認するには一旦その場から離れて目線を上げなければならない。結果、ムダな動きが多くなるため、動線は長くなっていた。もし、掲示板が目の高さに、そして複数箇所に設けられていれば、わざわざ上を見なくても済んだはずだ。離れて見る必要もなくなる。だが、そうした観点がないために負荷の多い動線になっていたのだ。

作業をする人の目線や視線を考慮することなく、商品の位置が決められている物流センターはこれまでも多く目にしてきた。商品が下にあるため、かがみこんで目線を下に向けなければならない物流センターもあれば、逆に上の方に商品が置かれているために目線をずっと上に向け、手も大きく伸ばさなければならない物流センターもあった。

優れた動線とは、つきつめていえばムダな動きがない動線だ。歩きながらロケーションが確認できて、商品もスムーズにピッキングできる。ピッキングするときには不必要に目線を上や下に向けなくても済む。不自然な動きがなく、ストレスなく作業をしてもらえる動線がもっとも望ましい。

そのためには動線を整流化することだ。ここでいう整流化とは、時間と負荷をトータルで減らすことを意味している。距離の短さだけを追求し、ただ短時間で移動できるコースではいけない。時間と負荷の両方を減らすことを目的にした動線設計を行う。

歩くことは健康にはいいが、物流業務においては排除すべきムダである。手間をかけることは、美徳ではない。手間=仕事になってはいけないのだ。

できるだけモノは触らず、動線は必ず時間と負荷で考えることである。

動作経済の原則を応用する

現場作業の生産性を上げるためには、動作経済の原則を応用する方法も推奨したい。動作経済の原則とは、作業を効率化するために考えられた合理的な動作の原則だ。主に以下の4つの原則がある。

1．両手を同時に使う

2．動作の数を減らす
3．距離を短くする
4．動作を楽にする

この原則の効果を伝えるには、実際に体感してもらうのが手っ取り早い。常日頃、当たり前のようにやっている、振り向く、頭を下げる、しゃがむ、手をのばす、指を閉じたり開いたりする動作。実はムダな動きなのである。これらの動作を軽減した作業に切り替え一定期間実践してもらうと、いかにこの単純な動きの繰り返しがムダで、負荷が大きかったか気づくことができる。

作業をスピードアップして効率を上げ、なおかつ品質を保てと口を酸っぱくしていったところで、なかなか実現は難しい。スピードだけを上げようとすると品質が下がる。品質を担保しつつスピードを上げようとすると、今度は疲れてしまって長続きしなくなる。動作経済の4原則に従って、手の動かし方や使い方、モノの置き方を改善し、ロスの少ない合理的な動作を考えて実践に移したい。

最近の物流会社は、ハンディキャップを抱えた人の雇用も促進している。そうした人たちに対するケアもしっかりと考えていく必要があるだろう。人手不足を嘆くのではなく、地盤固めである誰もが働きやすい環境づくりを心掛けてほしい。

「全体視点」を持った先行投資を

良かれと思って実施した見直しが、必ずしもプラスに働かないこともある。

物流の現場で使用されているパレットがその良い例だ。パレットの必要性については第1章でも伝えてきたが、どんなパレットでもいいわけではない。使うべきではないパレット、トラブルのもとになるパレットもある。

物流センターでは以前、木製のパレットの使用が一般的だったが、いまではパレットの多くがプラスチックに置き換わっている。これ自体は衛生面、機能面からみて良いことである。問題は、コストダウンを図ろうとして、耐久性が低い安価なパレットを採用した場合だ。

フォークリフトでパレットを運ぶときにはパレットの穴に爪をさして持ち上げて移

動させる。このとき、通常のプラスチック製パレットなら、爪が穴に入らず多少パレットの側面や底面に当ててもすぐには大事に至らない。ところが、安価なパレットの場合は、強度が足りず即破損してしまうケースがある。

ある物流センターでの話である。この物流センターでは自動倉庫の新設に伴い大量のパレットが必要となり、コスト抑制も兼ねて安価なパレットを新調した。しかしその後、大きな問題が発生した。

これまでと同様のフォークリフトによる庫内作業をしていたものの、強度不足のパレットは破損が目立つようになり、その結果、感度が高い最新鋭の自動倉庫が破損したパレットを徐々に受け入れなくなり始めたのだ。

最終的には、大量のパレットが自動倉庫に格納できなくなり、すべてのパレットを買い替えることになった。コストダウンを図ったつもりが安かろう悪かろうで、大きな出費を余儀なくされた。

このようにコストダウンも行きすぎると、かえってコスト高を招いてしまう。この事例は部分最適視点で資材としては安く購入できたが、全体視点からすると明らかに失敗だった典型的な例である。

耐久性や品質に懸念があるならば、耐久性の確認をしっかりと行い、保管強度もチェックして、その結果も判断材料にすべきなのだ。先行投資を行う際には、性能的に問題がないかどうかの見極めは必須である。

もっとも、こうした資材の購入の失敗原因は、一部の関係者の視点だけで決められていることに起因することが多い。いわゆる「声の大きい人」の意見だけで決定すると、結局はどこかに歪みが生まれ、それはやがて大きなロスとして経営に跳ね返ってくることは肝に銘じてほしい。

人が集まらないのは本当に職場環境のせいか？

人手不足は深刻な問題だ。物流現場は特に、職場環境や立地で人が集まりにくいと思っている人も多い。

では、本当にそれらによって物流センターの人手不足の度合いに差が出るのか。大型の商業施設やエンターテインメント施設があるエリアでは、どうしても相対的に物流センターでの仕事は地味に映るからか、人員を募集しても集まりにくい。そのため現地の物流センターの管理者たちからこんな声が漏れてくる。

「華やかな商業施設がすぐそばにあるから、物流センターでわざわざ働こうとする人はまれだ。ここは物流センターにとって立地が悪すぎる」

このように人手不足を商業施設や立地のせいにしている。もし、商業施設が同じエリア内に存在していなければ状況は違ったかもしれない。そう愚痴をいいたくなる気持ちもわからないではないが、こうした他人のせいにしているだけの物流センターは仮に別の場所にあったとしても、人が集まらない可能性が大いにある。

なぜなら、物流センターに魅力が無いのではなく、やるべきことをやらず、人のせいにばかりしているこの職場に魅力が無いからだ。

とある地方都市の物流センターの周辺に大規模ショッピングモールが建設されるとの噂が出たときの話を紹介する。

人気ショッピングモールのため、パート従業員が目移りしてしまうのではと心配された。しかし、モールがオープンしてみれば心配は取り越し苦労だった。これまでと同様にパート従業員が生き生きと働いていた。数人のパート従業員に話を聞いてみると、従業員想いの環境と魅力がここにはたくさんあるとのことだった。

【我が子に職場を見せられるか？】

人が集まらない職場は、往々にして働きやすい環境が実現されていない。第2章で述べた物流簡易診断の項目にもなっているが、整理整頓や清掃、清潔度は人材採用にも影響する。

作業場も食堂も暗くて薄汚れている。休憩所も設けられていない。あったとしても、雑然としていて清潔感がない。ないないづくしの環境で働きたいと思う人がどれほどいるだろうか。

これは、どこに立地していようと関係ない。快適に働けない職場に人が集まるはずがないのである。

私はよく経営者そして従業員に「ご自分のお子さんに職場を見せたいですか」「ここでご自分のお子さんを働かせたいと思いますか」と尋ねている。もし、答えに詰まるのであれば、問題点を把握し、すぐに改善に取り組むべきだ。

作業場、食堂、トイレ、休憩所。清潔感はあるか、散らかっていないか、快適に仕事以外の時間を過ごせそうか。ロケーション（立地）を動かすことはできないが、いますぐに見直せる点はたくさんある。誰にとっても働きやすい環境は人手不足の深刻度を緩和してくれるだろう。

具体的な改善視点：輸配送編

改善キーワードは、場所的分散と時間的分散

荷役や保管業務の次は、物流費の約半分を占めている輸配送業務について取り上げることにする。

輸配送で起きる問題の多くは人手不足に起因している。そのため、改善の自由度は低いが、メスを入れなければならない場面はたくさんある。改善するにあたっての重要なキーワードが、場所的分散と時間的分散だ。

場所的分散とは何か。出入り口が固定化されているために、そこにトラックが集中してしまい、その結果、渋滞が発生しているとしよう。この問題を解消するには、場所を分ける発想が必要だ。別の場所からも荷物を運び出せるようにして出入り口を分散すれば、もっとスムーズな輸配送が可能になり、渋滞の解消にも繋がる。これが、場所的分散の視点である。

時間的分散とは、時間をずらすことだ。ちょっと納品時間をずらすだけで効率的な納品が可能になるにもかかわらず、納品時間が同時刻に指定されている現場は多い。時間的分散によって、納品時間を一定間隔で分散するだけで効率が一気に上がるケースもある。

どちらも特に斬新な視点というわけではないが、ちょっとした分散であっても、現場にもたらされる効果は大きい。こうした改善の敵は、全体最適の範囲が社内に限定されてしまっていることや、これまでのやり方を変えたくないという頑なな姿勢だ。変化を嫌い、従来のやり方に固執すると、場所的分散と時間的分散の視点を持ちにくくなる。

「全体最適」となる効率化

現場を視察して気になるのが、荷積みや荷卸しの場所が一極集中化されているところが多いことだ。トラックをつける場所は倉庫に近ければ近いほど良く、倉庫から離れてしまうと納品に時間がかかると考えられているようだが、もう1カ所、別の場所で荷積みや荷卸しができれば、卸せる積荷の量は2倍に増え、作業効率もアップする。

このような場面に遭遇すると、私はいつもシミュレーションをもとに提案を行っている。例えば2倍の出荷量と2カ所の荷積み場所へ移動するコストを相殺した結果、はたしてこれまでとどちらの方が効率的なのかという計算をもとにした提案だ。だが、納得はしてもらっても実行に至らないことは多い。健康診断を受けた結果、治療の必要があったとしてもそのまま放置する人がいるのと同じである。

「このままでは問題は解決しない」と伝えても、「それぐらい、たいした問題ではない」と返されることもある。「たいした問題ではない」と思うのは、ドライバーの待ち時間など大きな問題ではないと軽視しているからだろう。

ドライバーを待たせたところで、うちには大きな害はない。それなのにどうしてうちがわざわざコストを負担してこれまでのやり方を変えないといけないのか。そう考えてしまうのだろう。

モノづくりをする工場では、改善が体質として染みついているため、日々、動線を工夫し、時間や場所を分散させ、改善に取り組んでいる。だが、その改善意識はつくるときには発揮されても、物流の局面では薄れがちになる。従来の方法で特に問題はないのに、わざわざ手間をかけて変更し、場所や時間を変える必要はないというスタンスだ。

そこで、物流会社の出番である。「注文も来ているからいまのままでもいい」と考えるのではなく、荷主や顧客では気づくことが難しい輸配送現場で起きている問題点を赤裸々に伝え、本当の意味での全体最適視点で場所的分散や時間的分散の提言をしてほしい。これは荷主や企業顧客との接点がある物流会社の役目である。

付加と負荷を混同するな

輸配送業務には二つの「ふか」が存在している。付加と負荷だ。同音異義であるため、混同されて用いられがちだが、明確に使い分けて改善点を見出すことをおすすめしている。

ここでいう付加とはその会社にしかできないことや強み、他社と差別化を図っている付加価値のことだ。付加価値を提供できれば、利益が増加する可能性は高い。

一方、本来はするべきではないのに、無償で引き受けてしまっている業務があるとすれば、それは付加ではなく、単なる負荷だ。庭先での荷積みや荷卸しなどは負荷の端的な例であり、バリューでもなんでもない。

待ち時間を例に挙げてみよう。納品先では、先着順で荷積みや荷卸し作業が行われており、ドライバーは常に長時間の荷待ち時間を強いられている。納品先の荷受け処理能力やトラックバース（トラックが物流センター等で実際に荷積み・荷卸しをする場所）数には制約があり、特定の時間帯にいつも納品車両が集中してしまった。

この場合のムダな待ち時間は負荷であり、利益には繋がらない。だが、ドライバー一人の力でこの問題を解決することは不可能だ。

改善するには、納品先の協力が必要となる。例えば、トラックバースの予約受付システムを導入し、それを物流会社と共有する形にすれば、ムダな時間は大幅に削減できる。

つまり、しかるべき対策をとることで、物流会社と納品先の両者に同時にメリットがもたらされるということだ。

リードタイム短縮を見直せないか？

物流現場での負荷はできるだけ削減したい。そうすれば、長時間労働や収益にならない業務の削減へと繋がる。だが、前述したように物流会社の意向だけでは改善できない。

例えば、リードタイム短縮という問題がある。手作業からフォークリフトにシフトするだけで荷役作業は省力化され、リードタイム短縮に繋がる。2〜3時間あった荷役時間が20〜40分に短縮できた例もある。これがわかっていても、すぐには取り組めない。

パレットを最大限活用するように物流会社と荷主、企業顧客で調整し、そのための費用負担や保管・返却方法について合意を取るのが理想だ。しかし、容易なことではない。誰がそれをまとめていくのかも問題になるだろう。

「リードタイム短縮」は物流全体で望んでいることだが、現実としては簡単には実現できない。もし、リードタイムを短縮しなければならない、との前提から現場で過剰な負荷が生じているのなら、そろそろリードタイムそのものを見直す勇気が必要ではないだろうか。

サービスレベルを上げるために、リードタイム短縮は企業の命題となっている。だが、タイトなリードタイムは物流全体の負担を増やし、物流サービスの安定供給を脅かす原因になっている。

それには顧客側もその日のうちに運んでほしいものを減らす努力が必要だ。必ずしもその日でなくていい荷物もあるはずだ。もう少し計画的に行動することで、当日納品を回避する努力をしてほしい。その努力で物流の過剰な負荷は確実に減るだろう。

管理者はドライバーの業務実態を把握しているか？

ここで輸配送業務における問題点として、重労働と不稼働時間を取り上げたい。

B2Bでは手荷役や荷待ち時間、B2Cでは再配達が、重労働や不稼働時間の代表例だ。どのような状況でムダな時間、負担の大きい作業が発生しているのか、原因はどこにあるのかを把握し、荷主や企業顧客に伝えていくことは物流会社にしかできない。

物流会社の管理者はぜひ、ドライバーの業務の実態をしっかり把握してほしい。

そのためにはドライバーに問題発見の必要性を理解させることが、管理者の役目である。ただ「やってくれ」では不完全である。必然性を感じていない活動はただの負荷となってしまう。なぜ「ムダな時間」を明らかにするのか。「ムダな時間」はお金を生まないどころか、時間（お金）を浪費してしまっているからだ。これでは給料は増えようがない。

不稼働時間を減らし、半分の時間で帰ってくれば別の仕事ができる。倍の仕事ができれば、その分、収入に繋がる。そのための活動として「ムダな時間」をまずは見える化する必要があるということをドライバーに浸透させてほしい。

例えば、10トン車にある荷物を積むときに、荷物がこれだけあるから時間はこれぐらいかかるという目安と実績を記録用紙に記入させ、データを持って帰らせる。それらを管理者がまとめ、荷主や企業顧客に問題点を提示することが、解決の足掛かりになるだろう。

いうべきことはいう物流会社になる

昔はどちらかといえば、黙々と仕事をして、その仕事ぶりを背中を通して見せるのが管理者の一つのスタイルだったが、いまはそうもいっていられない。以前とは環境も部下のマインドも違いすぎる。管理者から歩み寄るしかない。

　現代における管理者の役割は、部下が仕事を進めやすい状況や環境をつくることだ。本来は必要のない、負担でしかない業務については、部下から報告があれば必ず取りまとめて荷主や企業顧客に伝えてほしい。

　荷主や企業顧客と直接、接点を持っているのは誰だろうか。荷主から荷物を受け取り、納品先に届ける物流会社だ。荷主や企業顧客に現状や問題点を伝えるのは物流会社ならではの役割であり、使命だと考えてほしい。

　ただ、物流の世界には昭和の悪しき文化がまだ根強く残っているのかもしれない。意見を伝え、主張をすることが御法度であるかのように。

　しかし、もう時代も令和に突入した。昭和の悪しき文化には別れを告げ、サービスを提供している立場であるという意識のもと、いうべきことはいい、改善すべきことは改善してほしい。

　とはいえ、管理者自身もドライバーということもあり、解決が難しい側面もある。物流センター長や所長が自らハンドルを握り、トラックを運転し配達に出かけている中小の物流会社は多い。格好よくいえば、管理者自身がプレイングマネジャーだ。そのため、どうしても根性論、精神論がいまだに残り、時代錯誤の感覚にとどまっている企業は無数にある。

労務管理は規制も強化されているため、タイムカードの導入、アルコールチェックもシビアに行っているが、肝心の物流業務のムリ・ムダに対しては実態を把握することを含め、きちんと管理することから見直してほしい。

【ドライバーは自分の業務範囲を把握せよ】

次は、ドライバーがやるべきこと、やってほしいことを取り上げる。輸配送の現場でドライバーは多くの負荷に直面している。ドライバーの肩には、本来必要のない時間と作業がのしかかっている。

だが、それらに対して内向きに不平不満をいうだけでは解決に至らない。思考停止に陥るだけだ。ストレスを解消することも難しい。

負荷をなくすためには、まず自分の業務範囲の把握に努めよう。ドライバーの中には、荷主と物流会社間の契約内容を詳細に認識していない人もいる。自分が提供している物流サービスの対価（売上）に対してどれだけの時間とコストがかかっているのかを正しく知ることで、企業収益そして自身の収入の押し下げ原因となる荷待ちや無償作業に対しての意識は大きく変わるだろう。

自分にかかっている負荷は何か、なぜ負荷が発生しているのか。それらを見出したら、どうすべきかを管理者に伝えよう。ポイントは、荷主や納品先に直接伝えるのではなく管理者に伝えること。ドライバーが直談判すると、角が立って問題がこじれてしまうおそれがある。関係性が良く、担当者同士は仲が良いので不満を伝えやすいというケースもあるが、だからといって担当者同士で済ませられる問題でもない。

必ず管理者と話をしよう。現場だけの問題に終わらせてはいけない。これは付加価値ではなく、単なる負荷でしかないと感じたら、積極的に行動に移し、管理者に伝える習慣をつけることが大切だ。担当者が内輪で集まり、お酒を飲んで愚痴をいいあうだけでは一時のストレス解消にしかならない。

待ち時間のデータが改善に繋がる

ドライバーは、自身の仕事や作業内容をしっかり把握することが、自身の負荷軽減に繋がることを理解してほしい。

庭先での拘束時間の記録は必須項目だ。指定時間どおりに到着しても、トラックバースやフォークリフトの空きがないために、最終的にドライバーが手作業で荷積みや荷卸しを行っているという現場はまだまだある。

こうした問題を把握するために、本来の仕事は何で、本来やるべきではない仕事がどれぐらい発生しているのかを明らかにすることだ。管理者は、ドライバーにも自分が提供しているサービスにどのくらいの時間やコストがかかっているかという意識を根づかせるために、日報に集荷や配送先への到着時間、出発時間を書き込んでもらうだけでなく、荷待ちや無償作業といった発生したすべての業務の開始・終了時間も記録してもらおう。

そうすれば、ドライバーは自分がいかに契約とは関係のない仕事を負担しているのかを理解できる。慣習になってしまった契約にない作業をなくし、グレーゾーン業務の解消に効果がある方法だ。

荷主や企業顧客の庭先での改善を進めるためには、「待ち時間」のデータが欠かせない。荷主や企業顧客自身は待ち時間をどう減らすのかという、その方策の必要性を理解していないことが多いので、物流会社から「待ち時間」のデータを見せ、輸配送業務の効率化に何をすればいいかを考えてもらうのである。

庭先でどれぐらいムダな時間、無償作業が発生しているかを把握できれば、荷主への改善要求提案にも有効に働く。本来は荷待ちなど無償作業を含んだトータル金額が適正料金となるべきだが、現実はそうなってはいない。コストが発生するのは走行時間のみ。そう考える荷主がまだまだいる。

だから、輸配送業務の最適化を図っていくためには荷主や企業顧客の協力が欠かせない。コストダウンや効率化を図るためにお互いが何をしていけばいいのか。物流会社と荷主、そして企業顧客のパートナー化が必須である。

正しい注意喚起と状態確認

ここでドライバーとして、事故防止に向けて何ができるのかを考えてみよう。第2章で、ドライバーの熟練度の低下が事故を誘発しているという実態について紹介したが、私は運転スキルの問題以上に事故発生には別の引き金があると考えている。事故発生の引き金は、一瞬の「気の緩み」と「ポカミス」。これら二つに「偶然」が重なり、事故が起きることが多いと考えている。２０１７年に各種メディアでも大きく取り上げられた「高齢者運転事故と防止対策」に関する調査は興味深い結果だった（図表3－2）。

この結果からわかるのは、ヒヤリハットしたケースと実際に事故の原因になったケースとの間にギャップがあるということだ。そして、ここから「気の緩み」と「ポカミス」をいかに減らすかという課題が改めて浮かんでくる。

この調査は高齢者を中心とした一般ドライバーを対象にしているが、トラックドラ

図表3-2　高齢者の自動車運転技術に対する調査

●運転に対する自信

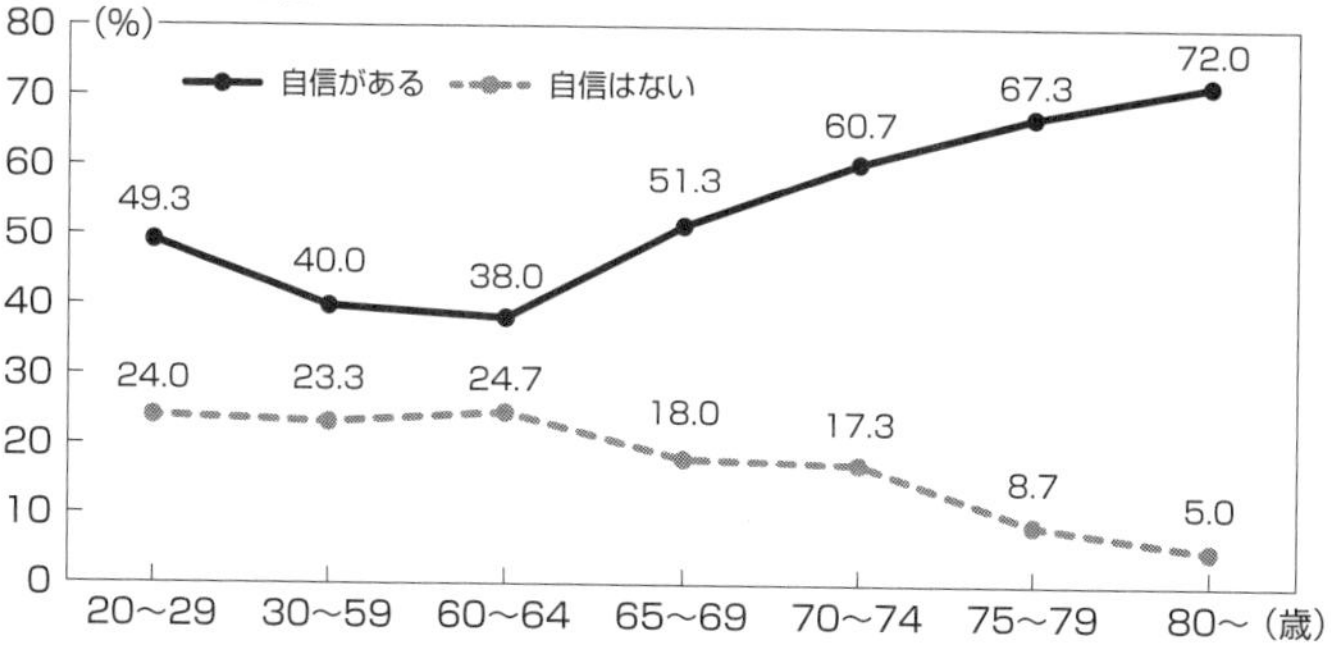

●75歳超ドライバーが遭遇したヒヤリハットと事故ケース

＊ ヒヤリハット経験　TOP3

1位	運転中の注意散漫	：34.8%
2位	見通しの悪さによる事故	：31.0%
3位	巻き込み	：17.4%

＊ 事故に繋がったケースが多い　TOP3

1位	ハンドル操作ミス	：24.2%
2位	運転中の注意散漫	：21.2%
3位	玉突き	：18.2%

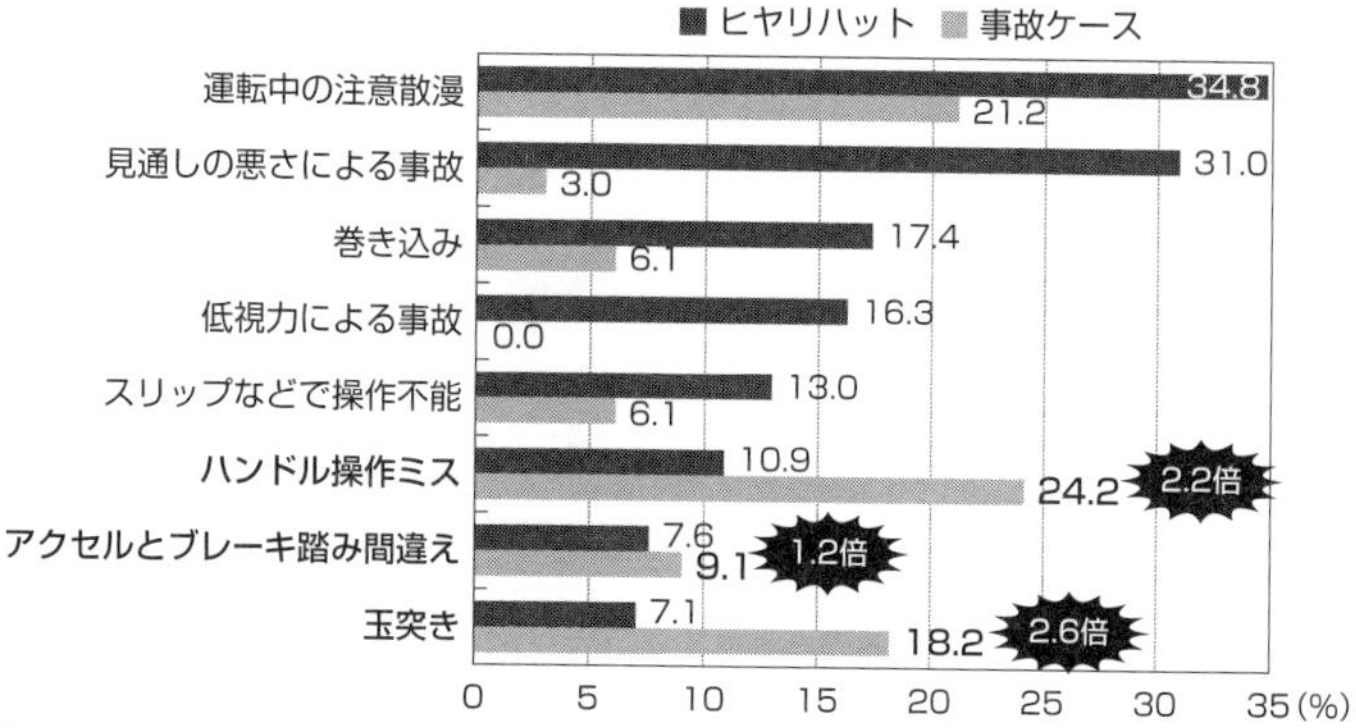

（出所）MS＆AD基礎研究所「高齢者運転事故と防止対策」に関する調査

イバーにも気づきを与えるところが多いと考えている。プロのドライバーは乗車量が圧倒的に多いゆえ、事故を起こす回数が増えてしまうのは避けられない。

だからこそ、ドライバーにとって必要なのは、運転技術に対する自信（過信）ではなく、危機予防と回避策である。「運転に自信がある」ではなく、「事故を起こさない根拠がある」といえること。管理者はその根拠の確認と客観的な評価をした上で、正しい注意喚起とドライバーの乗車前の状態確認を随時行ってほしい。ドライバー自身の自己注意には限度がある。管理者側からの喚起とセットになることではじめて対策になる。

自分がもし事故を起こしたら誰かに迷惑がかかり、誰かが悲しむ。相手の家族と自分の家族、相手の会社や自分の会社、周辺に迷惑がおよび、多くの人に悲しみをもたらす。加害者にも被害者にもなることなく、誰も悲しまないようにするために、事故が起きない環境整備を全方位で築き上げていく必要がある。

今日、社会問題化している「ながらスマホ」のように、ドライバーだけではなく、事故の被害者となりやすい歩行者を中心とした弱者側にもリスク管理の意識づけをお願いしたい。非があるか否かにかかわらず、事故を起こさない、事故に巻き込まれないために、リスク管理に対する意識を徹底したい。

これらを本気で実践する以外に、痛ましい事故を撲滅する方法はないのである。

【ドライバーには情報発信が求められている】

ドライバーにはぜひとも積極的な情報発信を望みたい。

例えば、納品先に向かったら、近隣で突発的な事故が発生し、構内に入れなかったとしよう。迂回すれば入れるが、そこまで回ると時間がかかる。その途中で交通渋滞に巻き込まれてしまい、結果として大きなロスが発生した――。こうした問題を提起できるのは、ドライバーだけだ。

荷主が突発的な交通事情を考慮して発注することはない。京都の祇園祭のような大規模な祭事のとき、トラックは町の中心部に入るのも一苦労だ。顧客がそうした事情を踏まえて注文をしてくれれば御の字だが、過度な期待をするより物流会社自らが動くしかないのが現状である。

サミットや海外からの要人訪問の際には大規模な交通規制が敷かれる。このときも物流会社の方で情報を入手し、変則的な道路事情を意識して、トラックを回していく必要がある。「東京オリンピック・パラリンピック」に備えて、２０１９年7月に大会期間中を想定した交通規制のテストが東京都内で実施されたが、プロのタクシードライバーが首都高速の入り口で右往左往しているニュースを目にした。情報の伝え方の不完全さと難しさを感じた。

国際的なイベントが増えていく中で、交通規制は頻繁に行われるだろう。となると、物流の安定供給のためにはドライバーが意識して情報を入手し、発信していく以外ないのだ。

ドライバーが状況を管理者に正しく伝えない限り、問題解決の目処は立たない。適正なリードタイムがまったく考慮されていない無理な時間設定についても、ドライバーが正しく把握することが一番の対策となる。

プロフェッショナルが年々姿を消し、荷主や企業顧客は依然として昭和の後処理物流思考から離れられない。自分たちはモノをつくったから、あとは頼むよ、ちゃんと納めてくれよという思考がまだ生きている。

物流を単なる後処理としか捉えていないから、情報が不足し、遅延を生む。識別しにくく積みにくく選びにくい商品も増えている。過剰な納品作法を求められるケースも少なくない。それでいながら、関係者の多くが漠然と「いままでと変わらず、これからもなんとかしてくれるだろう」「なんとかなるだろう」と考えている。

この悪循環を解決するには、物流会社と荷主、顧客が三位一体で協力していくしかない。ドライバーもその一員だ。最前線で動くドライバーが果たす役割は大きい。

第4章

荷主視点、顧客視点から考える物流の安定供給

物流を変えるのは顧客と荷主

物流サービスの根底は「どんなサービスを提供するか」だが、今日のサービスレベルが過剰なまでに急上昇したことで、実際に商品を運ぶ物流会社にとって安定供給していくことがどんどん難しくなっている。物流を改善するためには、物流会社の力だけではとうてい足りない。顧客（企業、消費者とも）と荷主の協力が不可欠である。

当たり前だが、Ｂ２Ｃにおいても、Ｂ２Ｂにおいても、物流サービスに大きな影響力を持つのが顧客と荷主だ。この二者が動けば物流は確実に変わる。

だが、顧客を動かすのは至難の業だ。顧客に、注文を取りまとめてほしい、小口でオーダーするのは控えてほしい、時間指定をしたら必ず指定時間に受け取ってほしいと要望しても、なかなかすぐには対応してもらえない。とりわけ、Ｂ２Ｃにおける顧客である一般消費者に理解を求めるのは難しい。

一方、情報を早期化する、荷姿を改善する、たくさんの荷物をパレットやコンテナを使いユニットにまとめて運ぶユニットロード化を推進するなど、顧客と荷主が協力してできることはいくつもある。

物流サービスの安定化を進めていく上で両者での改善の伸びしろは非常に大きい。即効性が高い改善も期待できる。物流を取り巻く環境がもはや待ったなしの切迫した状況に追い込まれているいまこそ、顧客と荷主は本腰を入れて物流サービスの安定化のために動いてほしい。

顧客と荷主にとって、物流会社はパートナー的存在であるべきだ。だが、残念ながら「後処理物流」だった時代の環境がいまだ色濃く残っている。この環境を変えていくためにも、両者は物流会社を積極的に牽引していく役割を担うべきだろう。大切な商品を顧客に届けることを「物流する」とあえていうと、顧客と荷主は「物流する」ために自分たちが何をするべきかをもっと考えてほしい。

商品をつくった、あとは物流会社に一任して知らぬ存ぜぬはもう通用しない。物流会社に任せればそれで終わりの「後処理物流の時代」はとうの昔に過ぎ去った。これからは、自ら主体的に責任を持って物流に関わっていこう。それなくして、物流サービスの安定供給は困難である。

「ホワイト物流」推進運動への参加

まず顧客と荷主に着手してもらいたいのは、環境の変化や物流業界が抱えている課題や問題をしっかりと理解することだ。すでに何度も述べてきたが、物流を取り巻く現状は非常に厳しい。少子高齢化が急速に進行し、人手不足は今後、さらに深刻化することが予想される。

それでいて、物流業界にはマイナスイメージが強く、有望な若手人材を獲得できるだけの魅力に欠けている。結果、ドライバーの高齢化が進む一方、次世代を担うプロフェッショナルな人材が育っていない。人口が減少していくことは避けられそうにない、この先、少子化が解決して人口がV字回復することは想像しづらい。この過酷な現実を受け止め、シビアな環境の中で今後、どうしていくべきかを能動的に考えてほしい。

第1章でも触れたが、物流サービスを安定供給していくために国土交通省が主体となって、2019年3月から「ホワイト物流」推進運動がスタートしている。同運動での具体的な取り組み内容は大きく分けて6つ。A運送内容の見直し、B運送契約の方法、C運送契約の相手方の選定、D安全の確保、Eその他、F独自の取り組み（図表4－1）。

このうち、なかなか進まないのがBの「運送契約の方法」の中で定められている、①運送契約の書面化の推進、②運賃と料金の別建て契約、③燃油サーチャージの導入だ。これらはいずれも、これまで見直しや改善が必要とされながらもなかなか実現に至らなかった項目ばかりだが、③の燃油サーチャージの導入は顧客と荷主の協力がなければ実現はしない。

「ホワイト物流」推進運動は、2019年10月には賛同企業数や取り組み状況などの1回目の集計・公表が行われた。この後も集計・公表が継続される予定だ。

国土交通省では、企業の社会的責任の観点から業界内や地域内で先導的な役割を果たし、物流量や従業員も多い企業に参加を要請しているため、参加企業には大企業が多い。特に現時点では、社会的に影響力のある顧客と荷主の参加が目立つ。物流の現状に危機感を持つ顧客と荷主が増えている表れかもしれない。

図表4-1 「ホワイト物流」自社で取り組む項目

A 運送内容の見直し	①物流の改善提案と協力 ②予約受付システムの導入 ③パレット等の活用 ④発荷主からの入出荷情報等の事前提供 ⑤幹線輸送部分と集荷配送部分の分離 ⑥集荷先や配送先の集約 ⑦運転以外の作業部分の分離 ⑧出荷に合わせた生産・荷造り等 ⑨荷主側の施設面の改善 ⑩リードタイムの延長 ⑪高速道路の利用 ⑫混雑時を避けた配送 ⑬発注量の平準化 ⑭船舶や鉄道へのモーダルシフト ⑮納品日の集約 ⑯検品水準の適正化 ⑰物流システムや資機材の標準化
B 運送契約の方法	**①運送契約の書面化の推進** **②運賃と料金の別建て契約** **③燃油サーチャージの導入** ④下請取引の適正化
C 運送契約の相手方の選定	①契約の相手方を選定する際の法令遵守状況の考慮 ②働き方改革等に取り組む物流事業者の積極的活用
D 安全の確保	①荷役作業時の安全対策 ②異常気象時等の運行の中止・中断等
E その他	①宅配便の再配達の削減への協力 ②引越時期の分散への協力 ③物流を考慮した建築物の設計・運用
F 独自の取り組み	「トラック輸送の生産性の向上・物流の効率化」や「女性や60代以上の運転者等も働きやすい、より『ホワイト』な労働環境の実現」に繋がる独自の取り組み

（出所）国土交通省「ホワイト物流」推進運動ポータルサイト

この運動が軌道に乗れば、参加企業は業界の商慣習や自社の業務プロセスの見直しによる生産性の向上、物流の効率化による二酸化炭素排出量の削減、事業活動に必要な物流の安定的な確保が期待できる。運動を通して社会的責任も遂行できるだろう。

問題は、「ホワイト物流」推進運動自体の知名度がまだまだ低いこと。特に個人顧客である一般消費者に対してのプロモーションが弱い。物流サービスの安定供給実現のラストピースである一般消費者へのＰＲの強化は必至である。

【瞬間風速よりも高回転発注を】

物流会社には、荷主から「毎日大量の荷物を出すので、配送単価を下げてほしい。ついてはトラックを30台用意してほしい」という大量配送依頼が飛び込むことがある。荷主からすれば、大量の注文を毎日定期的に出すのだから、単価を下げても物流会社にとっては良い条件に映ると考えているようだ。

だが、物流会社の立場で考えてみてほしい。早朝に大量の商品を渡されても、それらのトラックの一日トータルで見た場合の稼働率はどうだろうか。例えば、朝9時に30台のトラックが満載の荷物を受け取って積み込み、午後2時に納品先に届けたとする。午後2時以降の仕事がすでにあれば良いが、仕事が保証されていないとしたら、さあ大変だ。毎日新たに仕事を探すのは至難の業である。

こうした依頼は、物量だけを見ると良さそうだが、物流会社にとっては決して好ましいものではない。瞬間風速で30台を動かすよりも、10台を3回転させた方が稼働率は上がる。物流会社にとってプラスになるのは、瞬間風速ではなく回転率（稼働率）の高い注文だ。

もっとも、物流会社も大量の注文があると、仕事ほしさのあまり荷主の依頼に応えようとする。手持ちのトラックでは足りないからと、増車してでも対応しようと必死になる。しかし、いざフタをあけてみると、午後にはまったく仕事ができない。結果、苦しい状況に陥ってしまう。

最近は、こうした単純なボリュームディスカウントもかなり減ってきてはいるが、顧客と荷主には瞬間風速ではなく物流会社の効率まで意識した配送計画を考えてほしい。これこそ顧客と荷主ができるパートナー（物流会社）へのサポートである。

現場のパレット管理で生産性アップ

すでに何度も述べてきたが、三位一体でのパレット活用についても本腰を入れて検討すべきだ。パレット化が進んでいない手荷役主体の物流現場はまだまだ多い。

パレット化されていないために荷卸しに時間がかかってしまい、低温管理が必要な商品がすべて品質異常となり賠償する羽目に陥った物流会社の事例もあった。現場に到着したらすぐに荷積みして、出発できるはずの「車上渡し」契約であったにもかかわらず、こうしたことが日々起こる。

パレットを使用しないことで、現場では多くのムダな業務（コスト）が発生している。第3章でも触れたが、物流はできるだけ触らない「タッチレス物流」が好ましい。

パレットに一旦積み込んだら、パレットのまま卸す。パレットの状態で運ぶユニットロード化を推進すべきだ。ユニットロード化を図るとトラック積載率は低下するが、トータルで見ればトラブルが少なくなり、ムダな業務も減って業務効率は上がる。

そのためには、現場にパレットを用意しておく必要があり、しかもただそこにあればいいというわけではない。重要なのはパレットを正しく管理することだ。いまどこにパレットがあるのかわからない、壊れたパレットをそのまま使うというのでは用意したことにはならない。パレットが管理されていなければ、ユニットロード化は机上の空論だ。紛失や破損を防ぎ、パレット管理を仕組み化していこう。ただ、これにはある程度のコストがかかってしまう覚悟が必要だ。

荷積みや荷卸しに関心が薄い企業が多い中、折り畳みボックスパレットを何種類かに色分けし、「この色はこの倉庫」と決めた上で、パレット化を進めている企業もあれば、スルー型の積み替え拠点でパレットを積極的に活用している企業など、協力的な企業も存在する。荷物の運び手の利便性を図った現場では、効率的に業務が進む。道具の活用で生産性は着実にアップするはずだ。

投資には優先順位がある。パレット化には、荷待ちやムダな業務をなくす効果が大きい。物流サービスの安定供給のために重い腰を上げ、パレットには優先的に投資し、管理を正しく行ってほしい。

荷主も荷扱い視点を持て

ここでもう一度、第1章で取り上げた「正しい物流」を行うための視点を思い起こしてほしい。商品を間違いなく、適切に届けるためには、荷主の関与が不可欠だ。似たような商品が増え続けているため、物流側としては識別しにくくなっている。識別できなければ、当然、物流過程でミスが生まれる。中にはバーコードさえない商品もある。それを「丁寧に目で確認しろ」といわれても、人による確認作業には限界がある。

この問題を解決するために、メーカーを中心とした大元の荷主に改善をお願いしたい。顧客ニーズの多様性に対応して類似品を増やすなら、メーカーが自らの責任で、物流会社、そして顧客が簡単に、間違いなく識別できる視認性を担保してほしい。

また、物流をないがしろにした荷姿は、正しい状態で届けるのが難しくなる。必要以上に大きすぎたり、形状がいびつだったり、強度不足だったり、持ちやすさ、積みやすさ、運びやすさが考慮されていない荷姿だとせっかくの商品も正しい状態で届けられない。

非効率な荷姿の商品を見るたびに、物流会社の苦労が目に浮かぶ。荷主とは、荷物の「主」である。この商品は、はたして物流会社が荷扱いしやすいか否か。そうした荷扱いの視点をいま一度備えてもらいたい。

そして、納期遵守についてももっとフェアでなければならないだろう。日本の企業はオンタイムに厳格だ。時間にうるさく、少しでもトラックが延着すれば、ペナルティーは免れない。

その一方で、無茶なリードタイムがまかり通っている。荷卸し先で何時間もトラックを待機させ、その間のコストは払わない。

それではあまりに不公平ではないだろうか。過度な時間指定やリードタイムこそ、物流改善を阻む要因だ。ここはぜひ荷主・顧客がタッグを組んだ取り組みに期待したい。

労働の対価は正しく支払う

また、正しい物流を実現するためには、「正当に支払う」ことが必要だ。非効率な配送の条件や慣習的なサービスの横行は、顧客からの依頼によるものが大きいが、他力本願ではなく、物流会社への無償サービスの押しつけや待機ロスの解消に向けて能動的に取り組んでほしい。

無料配送をうたい文句にしている荷主は少なくないが、売価に織り込み済みのコスト以上に、埋没して物流会社に負担させている「見えないコスト」は明確にすべきだ。ムダなコストや無償負担を撲滅し、適正化を図らなければ、物流の疲弊の度合いはますます高まっていく。埋没しているコストを明らかにし、労働の対価は正しく支払おう。

具体的には、ＳＬＡを現状に合わせてもう一度見直し、その内容を確実に守る。守れなかったときのペナルティーもあいまいにしないことである。

自分たちがペナルティーを受けたくないから、相手にもペナルティーを求めず、グレーゾーンをつくる。これは日本の長きにわたる悪しき文化だが、このグレーゾーンが結局、至る所で足かせになり、互いの首を絞めている。グレーゾーンをなくし、契約内容を徹底することは急務である。

物流単価見直しのサイクルももっと柔軟にすべきだと考える。最近は見直しサイクルが短期化しているが、ひどい話ではこれまで10年以上も見直されないままやってきたという企業もいるくらいだ。これではあまりにも長すぎる。10年経てば環境は大きく変わる。物流会社の給与が上がらない一つの原因でもある。

「毎月100トンの量を依頼します」「この時間帯にお願いします」という当初の発注内容が変更されるのであれば、単価も含め契約内容を再検討するべきだろう。

トラックにも燃油サーチャージの導入を

コストに関しては、トラック版燃油サーチャージの導入も検討事項の一つだろう。

国際線の航空券を買うと、航空会社によっては航空券とは別に、燃油サーチャージ（燃油特別付加運賃）を支払わなければならない。この燃油サーチャージは２カ月に一度改定される。直近２カ月の航空燃油の市場価格の平均価格と為替レートの平均を掛け合わせた価格が適用され、飛行機を利用する乗客が負担することになる。原油が上がればサーチャージは上がり、下がれば引き下げられる。原油の価格によって変動するが、１バレル（約１６０リットル）６０００円を下回ると徴収されない仕組みだ。

ところが、トラックをはじめとするその他の輸送手段では基本的にサーチャージが設けられていない。燃料が高騰しても、決められた金額で届けている。上がった燃料分を吸収するのは、荷主でも顧客でもなく、ほとんどは物流会社が負担している。中には、サーチャージを考慮する顧客と荷主もいるが、全体から見ればほんの一部。基本的には物流会社が我慢を強いられている。

サーチャージの導入については以前から議論がされてきたが、顧客と荷主がなかなか首を縦に振らず、実現には至っていない。だが、そうした見えないコストが蓄積されて、物流会社は弱体化してしまった。燃油サーチャージの導入はそろそろ前向きに考えるべきだろう。

【日常的なコミュニケーションを】

先日、ネット通販の荷物と格闘している配送会社の車を見かけた。山積みにされていたのは、大小様々のボックスだった。段積みルールがないのか、重そうな大きい荷物の下に薄っぺらな段ボールが置かれ、走行中の振動もあってか箱の一部が潰れていた。荷崩れの原因であり、クレームのもとでもある。また、配達のために複数の箱を神経衰弱ゲームのようにピックアップしていた。

さて、この状態を回避するにはどうすればよいのだろう。潰さずに正しい状態で段ボールを顧客のもとにスムーズにお届けするためには、誰が何をすればいいのだろうか。

このような大量の箱を山積みにした配送を前提とするならば、顧客情報を確認するための送り状は天面ではなく、側面に貼られている方が配達ドライバーにはうれしい

図表4-2　荷主と配送事業者ができること

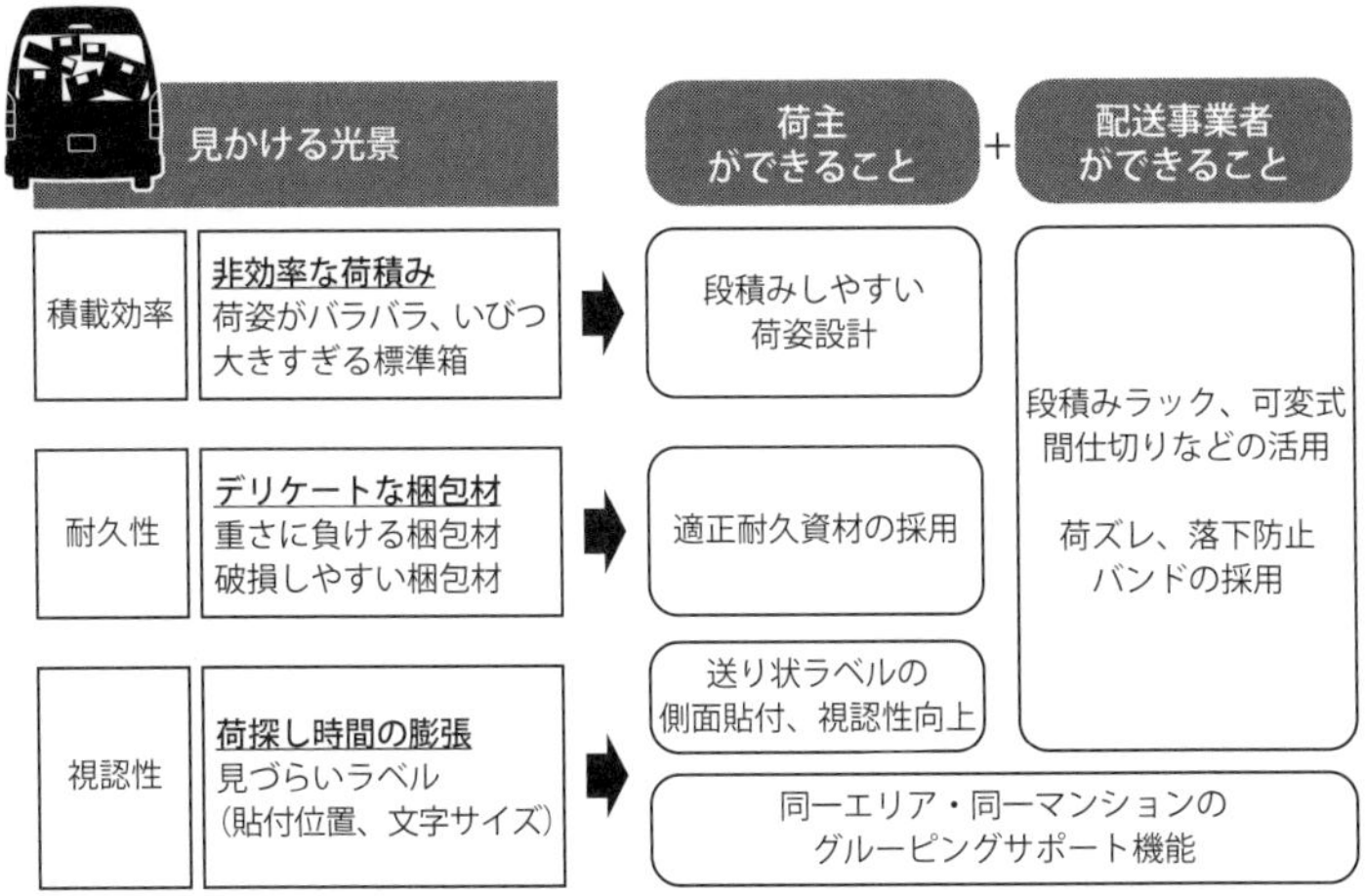

のではないだろうか。物流センター内の自動仕分け機のスキャナの位置などの制約があるため、単純に変更することはできないかもしれないが、ラストワンマイル（エンドユーザーに届ける最後の区間）の効率化のための検討はあってしかるべきだ。また、配送事業者もドライバーのために積載率の維持をしながら視認性を高め、破損防止策を取り入れる必要があるだろう。

具体的には、可変かつ折り畳み可能なラックやパーティションなどを採用すれば、荷物の破損は軽減され、配送ルート別の仕分けも容易になるだろう。これらの改善はドライバーの生の声が最も重要なので、積極的に会社に提案してほしい。

同じマンションであれば荷物をまとめて視認性を高める。ボックスが壊れないように資材強度の適正化を図る。これらは荷主がやるべき仕事だ（図表４－２）。

このように、改善効果を最大化するためには、荷主と物流会社、顧客がビジネスライクにつき合うのではなく、お互いを改善パートナーとして日常的なコミュニケーションを取ることが必要だ。荷主だけ、物流会社だけが努力をしても問題は解決しない。パートナーとしてお互いの役割を尊重し、自発的に関与して問題解決に臨むべきなのである。

「物流に貢献できた」という視点も必要

荷主の梱包設計についてはまだ改善の余地があると感じている。第2章でも触れたが、荷主側が梱包設計を検討する際は、物流を巻き込むことが必要だ。箱をつくってからでは遅すぎる。つくる前に顧客に届けるまでの効率化の観点を組み入れよう。

ケースバイケースで一概にはいえないが、梱包設計を工夫することで、積載効率は上がる。作業者の負担を減らすことで輸配送、保管だけでなく荷役コストも圧縮することができる。梱包設計において、ここまでの効果を想定した設計はまだ多くはないので、ぜひ物流サービスの安定供給のために一肌脱いでほしい。

「コストダウンできたから良かった」と考えるだけではなく、「物流に貢献できた」という視点も持つ癖をつけてもらいたい。効率が上がれば、自分たちのサービスレベルが上がると同時に、物流会社の収益もアップするのである。

物流会社の運びやすさに対して意識がおよばない荷主は多いが、物流会社に選ばれ支持されるのは、安定供給を支えていく一員として、物流にかかる負荷をできるだけ軽減しようと行動に移す荷主である。選ばれる荷主になることを心掛けてほしい。

【荷主による物流サポート】

ある資材メーカーではこんなことがあった。この会社がつくっている資材は高速物流サービスで流通しており、モノによっては当日受注、当日着荷のケースもある。商品を直接、使用現場に届ける「現場直送」もある特殊なビジネスモデルだ。

商品の種類は、小さく軽量なものから、大物、重量物まで多岐にわたる。見ているだけではさほど重そうに感じないモノであっても、実際には重量級であることも少なくない。商品1種類当たりの在庫は少ないが、種類が多いために全体のボリュームは大きい。先月までヒットしていても今月には売れなくなるなど、商品の売れ行きが非常に短いサイクルで変化するのも特徴だ。重量物は可能な限り動線を短くしたいという考えから、半期ごとに商品の配置換えを行い、出荷ボリュームに即して倉庫内の保管場所を変更し直すという手間をかけていた。

重量物が多いだけに作業量は膨大だ。この問題をどのように解決したのか。

改善策として実施したのが、戦略的商品や売れ筋商品になりそうなものを入荷した時点で可能な限り出荷しやすいロケーションに誘導するシステムロジックへの変更だ。入荷した商品をスキャンすると出荷ランクに応じた棚入れ場所を促す推奨ロケーションをハンディターミナル上に表示し、作業者はそれに従って棚入れするという方法だ。これなら作業者は迷うことなく商品を適切な場所に棚入れすることができ、定期的に繰り返されていた大規模な配置換え作業もなくなった。

売れ筋ではなくなった商品については後方の棚に誘導し、出荷するときは以前に棚入れされた前の棚から商品を出すようにすることで、空いたスペースには次に売れるであろう商品（戦略的商品）が置かれるようになり、自動的に配置換えができる。商品は生き物だ。このメーカーほどではなくても、売れ筋が頻繁に変動し、物流センターでの配置換えに苦労しているというケースは多い。そうした悩みには有効な解決策である。

やはりたくさんの種類の商品を扱う複合メーカーの例も取り上げよう。この会社では、それまで大きさも形も重量も異なる商品をバラバラに運んでいたが、改善の結果、専用の特殊なパレットをつくり、そこに商品を組み込んで配送するようになった。現在は、異なる商品を一つの単位にまとめ、ユニットロード化して効率的に現場に届けられている。

パレットごとに専用カバーをかけるなど、汚破損への対策も万全だ。これなら現場で破損したり、ホコリやチリまみれになったり、雨に濡れたりする心配もない。商品のクオリティを維持する対策によって、物流会社の負担も軽減したのである。

物流センター内のオペレーションから納品まで、過酷な業務が続いたときの物流会社の心理状態を想像してほしい。

あの会社の仕事は、重くて大変だからできれば請けたくない、と感じるのではないか。それでもやらざるを得ない。このようなやりきれない気持ちが蓄積すれば、将来的に物流会社はその荷主の仕事を請けなくなる。

仕事を請けてもらえなければ、荷主の商売は大打撃だ。そういった観点から荷主は「選ばれてなんぼ」の存在になりつつあることを自覚してほしい。物流会社に選ばれる荷主になるためにも、ぜひとも運びやすい仕組みを考えよう。その施策は結果的に、荷主に利益をもたらすはずだ。

【営業担当者の意識改革を】

もう一つ、荷主の営業担当者には「適正な受注」を意識してもらいたい。顧客から「朝の8時に届けて」といわれると、営業はつい「はい、届けます」と答えてしまうが、これははたして適正な受注だろうか。

仕事がほしいからといって、どんな条件であっても「イエス」と引き受けてしまうと、そのつけは物流会社に回ってくる。その積み重ねがボディーブローのように物流会社を痛めつけ、物流の安定供給にヒビが入る。

この問題を解決するには、営業担当者の意識改革が必要だ。

荷主のミッションは、良い製品をつくることだけではなく、顧客のもとに正しく届けることにある。そのために顧客と荷主は何をすべきか、という視点や意識を持ってほしい。

何度再配達しても別途費用が発生しないのも疑問である。商品には高い配送料がかかっているにもかかわらず、2回目、3回目の配達が無料なのは理屈に合わない。この問題の解決のために両者ができることはあるはずだ。

結局、物流の改善は、三位一体による風通しの良い関係から実現されるのである。

効率的な量を効率的なタイミングで注文する

「ホワイト物流」推進運動についてはすでに述べたが、この運動の趣旨を最も伝えなくてはならない相手がＢ２Ｃのエンドユーザーである。私たち一般消費者の中でこの推進運動の存在や内容を知っている方はどれだけいるだろうか。

「ホワイト物流」推進運動は、第一弾として物流の現状や問題点を肌で感じている荷主や企業顧客が第一ターゲットとなっているため、一般消費者への訴求が後手に回っている点は否めないが、まだ始まったばかりだ。すべての顧客の理解なしでは効果発現は難しい。今後の広がりを期待すると同時に、エンドユーザーである一般消費者には、まずはサービス要求の適正化を意識してほしい。いますぐほしいから、ピンポイントで届けてほしいからといった理由で、物流に対する要求がどんどんエスカレートしてはいないだろうか。

時代とともに、注文する量は小口化し、頻度を増すことで補う購買パターンが主流となってきた。そのため、物流会社は多頻度少量配送を余儀なくされた。これが物流会社の経営、ドライバーの心身にダメージを与えている。

だが、その気になれば一般消費者は効率的な量を効率的なタイミングで注文できる。ある一定の、運びやすい単位に注文をまとめるだけで、物流会社の疲弊度は大幅に減る。時間を指定したら在宅する、再配達はさせないなど、改善すべき点は多いはずだ。

そもそも、私たちはいまの便利な状況に甘えすぎではないだろうか。かつては電球が切れたときに困らないように事前に買ってストックしていた。トイレットペーパーも切らさないように常備しておくのが当たり前だった。

ところが、サービスが高度化し、私たちはすっかり便利な機能に慣らされてしまっている。電球やトイレットペーパーを買い溜めする必要はなくなった。切れたそのときに注文すれば、すぐに届けてもらえるからだ。

今日注文しても、すぐ次の日、早い場合には当日中に商品が届く。あまり考えずに、事態が差し迫ってから行動しても問題は解決する。高度な物流サービスは、そんないきあたりばったりの購買行動を可能にした。

しかし、そのせいで私たちの自己判断能力は着実に落ちてきている。考える必要がなく楽ができるようになると、人はますます考えなくなる。思考停止の始まりだ。

【高付加価値サービスは思考停止を招く】

私事で恐縮だが、最近、自身の判断能力の低下を痛感する出来事があった。車で移動する際にはよくカーナビを利用しているが、地方から東京に移動していたある日、新しい道路が延びていた場所に差し掛かったところで、「東京は右折」という看板を目にした。

しかし、地図情報が更新されていないカーナビは「左折です」と指示を出している。このとき、私はどうしたか。自分の目で看板を確認していたにもかかわらず、思わずカーナビに従って、左に曲がってしまったのだ。

結果は散々だった。千葉から神奈川まで一番大外を回る圏央道に入ってしまい、なかなか下りる場所がない。ずっと一本道が続き、ずいぶんと時間をロスしてしまった。

なぜ私は自分の目で見たことを信じなかったのだろう。目では「右」だと認識しながらも、機械が発する音声情報に誘導され、「左」に行ってしまった。

カーナビができて移動が楽になったことは間違いない。行ったことがない場所への移動もずいぶんと容易になった。

しかし、私のこの経験が示しているのは、間違いなく高付加価値サービスの弊害だ。自分の頭で考えなくなり、思考をもとにした行動が鈍ってきている。おそらく、それは私だけではないだろう。

自動化が行きすぎると人間の能力は劣化していく。デジタル社会がもたらす恩恵は非常に多いが、そこからデメリットも生まれている。

ある程度、計画を立ててモノを買い、注文をする。思いついたら注文を入れるのではなく、まとめて注文をする。頭を使い、荷物を運ぶ物流会社や物流のプロセスに対するちょっとした想像力を働かせることで、工夫や配慮が生まれてくる。それらが、物流サービスの安定供給に貢献することを忘れてはいけない。物流は安心安全な市民生活の基盤である。

失敗から学ぶ

顧客は失敗からも学ぶべきである。例えば、電球がそろそろ切れそうだと思いながら買い忘れていたことに気づき、慌てて注文をして、無事部屋が明るさを取り戻したのなら、「すぐに届いてよかった」ではなく、「もっと早くに買っておくべきだった」と考えてほしい。

いまは注文をすればすぐにほしい商品が手に入るため、電球が切れても困ることはほとんどない。だが、これがもし1週間後でないと届かないのであれば、深く後悔するだろう。

「送料がかからない上、高速物流サービスですぐに届くからいいか」と思うと、反省がなくなる。高度なサービスは、私たちの失敗を補ってくれるが、反省せず、失敗から学習しなければ、再び同じ失敗を繰り返してしまう。

電球ではなく、毎日必ず飲まなければならない薬だったらどうだろう。手に入らなければ病状が悪化してしまうと思えば、もっと慌てていたはずだ。物流サービスを享受している立場として、私たちはもっとリスクを考えた方がいい。すぐにモノが届くという前提から離れ、届かない、もしくはこのような厚遇サービスが消滅する可能性があることも頭の片隅には置いておきたい。

サービスの受益者には受益者なりにリスクを受け入れる覚悟が求められる。交通事故では加害者が悪いのはもちろんだが、一人ひとりが被害に遭わないように自分を守るための意識と行動も心掛けてほしい。加害者にも被害者にもならないために。

物流サービスもまったく同じである。受益者は自己防衛視点を持ちたい。便利なサービスだからといってそこにあぐらをかいていると、いつか物流サービスの安定供給が危険水域に達してしまうかもしれないのだ。その時点から対策を打ったのでは遅すぎる。

いま危機的な状況にある物流サービスをこれ以上、悪化させてはいけない。安定供給を維持していくために、顧客一人ひとりが考え、想像力をめぐらせて過剰なサービス要求を減らしていこう。

第5章

すべては物流の安定供給のために

やれることではなく、やるべきことをやる

日本にインターネットが登場してからすでに30年以上が経過した。その間、インターネットの利便性は飛躍的に向上している。特に爆発的なＥＣの発展に伴い、物流に求められるサービスレベルも上昇の一途をたどっている。

だが、サービス至上主義で肥大化したこの厚遇サービスに、物流業界は悲鳴を上げている。一部のリーディングカンパニーが牽引する形で引っ張り上げてきたレベルに、多くの企業が全力疾走で追随し続け、いま、息切れし始めている。そのサービスの担い手である物流企業は当然、疲労困憊である。

人も企業も成長していくためには負荷が必要だが、過剰な負荷は心も体も傷つける。心身が傷ついてしまっては現状維持すら難しくなる。窮地に立って一気呵成に跳躍しようとするのは命取りとなることを忘れないでほしい。

そんな企業が生き抜くための定石は、身の丈に合った成長サイクルを繰り返しなが

ら段階的に成長していくことである。ただし、「身の丈」とは現状維持を意味してはいない。目標が高いのはウェルカムだ。身の丈に合った成長とは、その目標と現在地のギャップを正しく理解して「何歩で」そこにたどり着くべきかを、様々な状況を踏まえながら判断し、決断したらやり切れる歩幅でたどり着くことである。

間違ってはいけないのは、やれることではなく、やるべきことをやる。やるべきことを考えた上で、いまやることは何なのかをしっかりと捉え、すぐに実行すること。これこそが地に足のついた改善であり、盤石な成長サイクルだ。

やるべきことをすぐに実行に移せば、失敗することもあるだろう。だが、この失敗こそが重要だ。自分がやれることとしかしなければ失敗することもないが、それでは効果的な成長は望めない。成長を飛躍させるのは失敗からの学びである。

「ローマは一日にして成らず」や「七転び八起き」という言葉に表されているように、失敗は間違いなく成長の糧だ。だが、そうした言葉を口にしながら、多くの日本人は失敗に対する嫌悪感をぬぐい切れていない。減点主義が横行していることもあり、失敗をなんとしてでも避けたがっている。

しかし、その先に明るい未来はない。失敗して学んで繰り返す以外に成長の道はない。失敗を繰り返しながら進めていく身の丈に合った改善が、企業に活力を与える。ひいては物流サービスの安定供給に直結するのである。

【アジアに誕生する物流のデカコーン】

とはいえ、これまでのたくさんの企業支援の経験から、物流業界の大半を占める中小企業が失敗を嫌がり、変化を嫌うことはよく知っている。「現状のままがいい」「できれば変わりたくない」というのが多くの物流業務従事者の偽らざる本音だ。

いまやっている以上のことはやりたくないし、考えたくない。多くの企業はこうした考え方を持っているように思う。いわれたことをやるしかないから、薄利多売の人海戦術で対応しようと多くの企業が身を削り、四苦八苦している。

だが、現状のままのやり方を続けていたら企業の存続は危うい。それほどまでに物流を取り巻く環境は激変している。それも国内だけの激変ではない。国境をまたいで、海の向こうから変革の主がやってくる事態も十分に考えられる。

東南アジアの物流業界には、飛躍的な成長を遂げたスタートアップがいくつも台頭している。評価額が10億ドル以上の企業はユニコーン、１００億ドル以上はデカコーン、１０００億ドル以上の企業はヘクトコーンと分類されるが、ユニコーン企業の一つであるインドネシアのトコペディアが興味深いビジネスモデルを展開し、市場を席巻していることをご存じだろうか。

インドネシアは物流費が高く、ＧＤＰのうちの24％を占めている。この高い配送コストを克服するために、インドネシア最大手のオンラインショッピングモール・トコペディアは、ＧｒａｂやＧＯ－ＪＥＫといったウーバー型サービス（遊休資産を活用したマッチングサイト）を手掛ける会社と連携することで、配送のリードタイムや品質向上を図った。その結果、即日・翌日配送率を90％以上まで高めることに成功し、すでにインドネシアの国土の97％を網羅している。

日本でも物流業界にじわじわと影響を与える新しい試みがスタートしている。荷主が運送会社を通すことなく配送ドライバーに直接仕事を依頼できる物流プラットフォーム、ＰｉｃｋＧｏだ。

運営するＣＢｃｌｏｕｄ社は、軽貨物運送における課題を解決するマッチングサービスとしてＰｉｃｋＧｏを開発した。といっても、ウーバーのような早いもの勝ちのマッチングサービスではない。

ドライバーは、一つの仕事が完了すると毎回、利用者からフィードバックを受ける。配送の遅延が発生していないかをシステムが自動的に数値化する定量的評価と、荷受人がドライバーの対応を判断する定性的評価。この二つを軸にした総合的な「ドライバー評価制度」で評価が可視化される。サービスの質がいいドライバーに仕事が集まる仕組みだ。

このＰｉｃｋＧｏは、荷主には品質が担保された状況の中で、効率的な緊急配送を可能にするだけではなく、配送という仕事の価値を明らかにしている。ドライバーのなり手を増やし、人手不足の解消に努めているところに革新性がある。

【新型ビジネスモデルのポテンシャル】

日本のウーバー型ビジネスはすでに乗客配送サービスや食品配送サービスへと広が

図表5-1　ラストワンマイル物流市場規模推移と予測

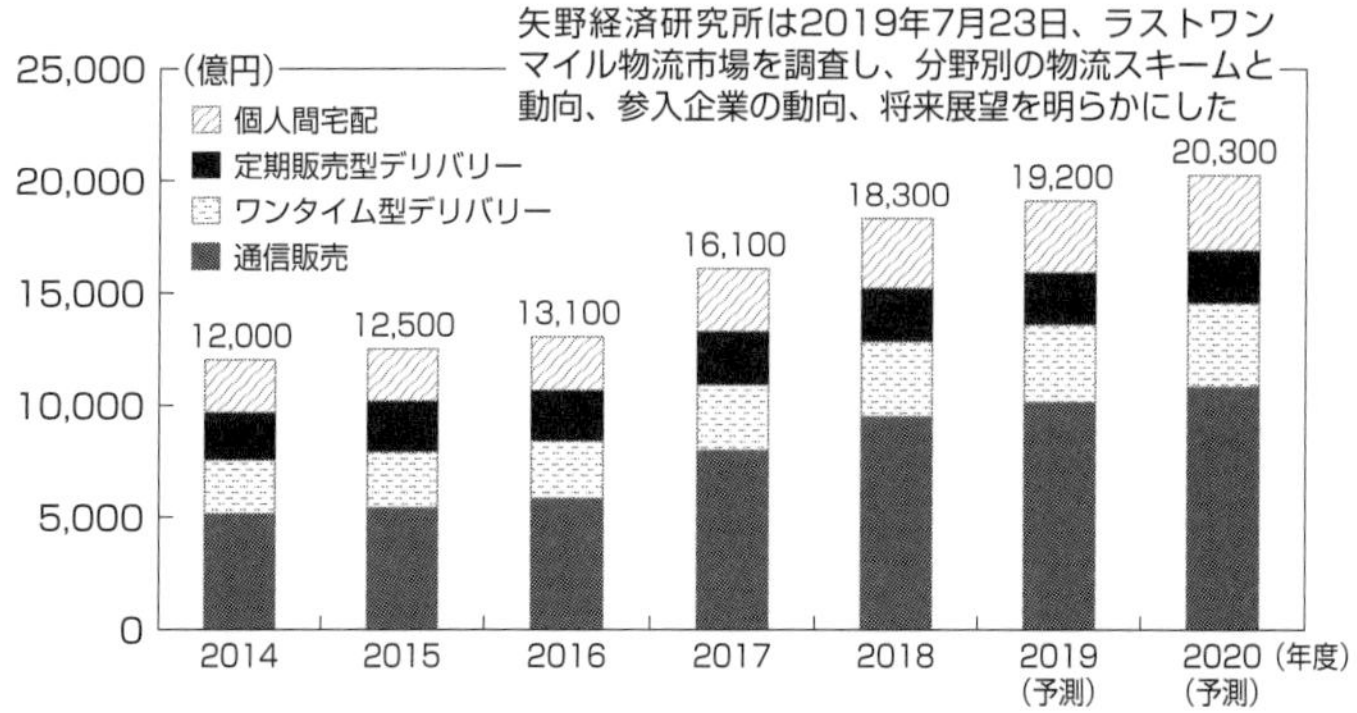

※配送料（配送関連サービスを含む）ベース
※市場規模は①通信販売、②ワンタイム型デリバリー、③定期販売型デリバリー、④個人間宅配の4分野の合算値。ただし、配達代行サービス、置き配、宅配ボックス等を除く
※2019年度以降予測値
（出所）矢野経済研究所 https://www.yano.co.jp/press-release/show/press_id/2183

っているが、今後はＰｉｃｋＧｏの主戦場であるＢ２Ｂ領域の物流にまで広がってくる可能性が高い。トコペディア型のビジネスモデルが日本に上陸する可能性もあるだろう。

　そのとき、物流業界にはどんな変化が起きるのか。功罪それぞれが考えられるが、「功」としては、業界全体で進んでいる小口化やラストワンマイルへの対応力アップが挙げられそうだ。

　最後に顧客のもとに荷物を届けるラストワンマイルの市場規模は、２０１８年度に前年比13・7％増の１・83兆円を記録。２０２０年度には２兆円に達すると予想されている（図表５－１）。

右肩上がりで拡大し続けているラストワンマイル市場を構成しているのは、通信販売やワンタイム型デリバリー（ピザや寿司などの出前、ファミリーレストランやファストフードのデリバリー）、定期販売型のデリバリー（在宅配食サービスや生協の個配など）、個人間宅配の4分野。このうち、最も多いのが通信販売分野で、市場の約半数を占めている。当面、通信販売は拡大傾向が続くと見られているので、ラストワンマイル市場全体もその伸びに牽引され、今後も堅調に伸びていくことは間違いない。

もっとも、ラストワンマイル市場の拡大とともに、配送単位の小口化が進み、配送回数が増え、トラックの積載効率は大幅に低下している。配送を担う人員不足やドライバー不足に対する根本的な解決策はまだ見つかっていない。

日本はすでに人口減少のステージに入っているため、対策としてＩＴやＩｏＴ、ＡＩ、ＲＰＡなどテクノロジーを活用したアプローチに期待が集まるが、ＰｉｃｋＧｏやトコペディアのような新しいビジネスモデルが登場したらどうか。ラストワンマイル問題を解決する「解」になり得るかもしれない。

ドライバーのステータスが上がっていくことも予想される。そもそも、ＰｉｃｋＧ

oは、ドライバーが尊敬される世の中にしたいという問題意識から立ち上げられたスタートアップだ。ドライバーが魅力ある職業になれば、人手不足の緩和も期待できるだろう。

成功体験を得て第一ステージをクリアせよ

もちろん、いいことばかりではない。功罪の「罪」としては、コストダウンとサービスの質のアップに伴い、チキンレースに拍車がかかる事態も考えられる。いまよりもさらに激しい競争が繰り広げられる可能性は否定できない。

そうなったら、業界の大半を占める中小の物流会社はどうなるのか。いまでも青息吐息の会社が多いのにますます事業が圧迫されることは必至だろう。

変わることを嫌い、どんなに変化に背を向けようとも、同じ場所で足踏みを続けようとも、激変する環境がそれを許さなくなっている。この先、我流の現状維持では風前の灯火といったところだろう。

それを避けるには、自分で自分を守るしかない。力をつけて成長し、競争力のある組織体へと企業を導いていくこと。それが、最大の防御策だ。

ただし、成長をするためにはステップをきちんと踏まなければならない。ステップバイステップでやるべきことを考え、いまやるべきことをやろう。やらなくていい業務、簡素化できる業務を徹底的に洗い出し、どの作業にどれぐらいの時間（コスト）をかけているのかを明らかにすることだ。

そして業務改善を実行した結果、少しでも業務が楽になる成功体験を得ることができれば、第一ステージクリアだ。成功体験をどんどん積み重ね、業務の整流化が一段落したら次のステージはＩＴシステム化である。ＩＴシステム化はスーパーマンではなく、役割を正しく理解して導入しない限り、最大限に活用はできない。

業務改善の積み重ねによる業務の整流化を成し遂げた上で、システムを使えばこんなこともできる、というイメージがわいてこそＩＴシステムをフルに活用できるようになる。ゴールを明確にして一段ずつ階段を上り、自社の枠組みの中でできる最高値を目指してほしい。

日本でも新しい試みが始まっている

中小企業の中から、ユニークな取り組みに着手する企業も出現している。さいたま市の某物流会社では、福利厚生の一環として手数料なしで給与の前借りができるサービスを導入したようだ。

ＡＴＭのようなマシーンを使い、静脈認証でクラウド化された勤怠情報をチェックし、その出退勤の情報をもとに、給与の上限50％まで現金をその場で引き出すことができる。手数料は一切かからず、引き出した金額は翌月の給与から控除される。従業員への負担がなく、働く従業員の満足度を上げ、定着率の向上や従業員募集の際の応募率アップが期待できる福利厚生の一環だ。

これはまさに、物流会社が人材不足問題に正面から向き合い、自分たちがやるべきこととして創出したユニークな福利厚生サービスといえるだろう。小さな取り組みではあっても、積み重ねれば物流サービスの安定供給を促していく。

会社の魅力を増し、従業員の確保に役立つ対策は何も賃金アップばかりではない。物流会社が積極的にこうした対策を講じていることには大きな喜びを感じる。心からエールを送りたい。こうした新しい試みに踏み出す物流会社が増えれば、物流サービスの安定供給は維持していけるだろう。

物流会社にとって自社を立て直すための改革とは、トップ企業のサービスを真似することではない。やるべきことを放置せず、一つずつ改善していくことだ。その積み重ねによって、段階的に成長し、厳しい物流サバイバルレースを勝ち抜いてほしい。

おわりに

日本の総人口は10年連続で減少を続けている。総務省統計局の発表によれば、２０１９年１月時点の総人口は１億２６３１万７０００人。前年同月と比較しても27・5万人のマイナスを記録した。

総人口の減少も大きな問題だが、とりわけ深刻なのが生産年齢人口の減少だ。日本の産業や経済を担う生産年齢人口（15〜64歳）比率は２０１８年に59・７％となり、戦後間もない１９５０年と並んで過去最低だった。いよいよ、日本が本格的な人手不足のステージに突入したことは間違いない。

生産年齢人口の減少は様々な業界、業種に人手不足を引き起こす。本書で何度も指摘したように、トラックドライバーの数もまったく足りていない。公益社団法人鉄道貨物協会の平成30年度本部委員会報告書を見ると、２０２０年度には14・４万人、２

０２８年度には27・8万人のトラックドライバーが不足すると推定されている。

ボストンコンサルティンググループが２０１７年に公表した日本のトラックドライバーの労働力需給の将来予測と物流業界の今後の展望に関する将来予測にも、深刻な数字が並ぶ。２０２７年には物流トラックドライバーの労働力が96万人分必要なのに対して、供給が見込めるのは72万人。24万人分もの労働力が不足すると推計されている。同社の分析では、「ネット通販拡大に伴う荷物量増加等による需要増は、幹線道路での自動運転化、モーダルシフト、再配達対策等では吸収しきれない」と見られる。つまり、ドライバー不足に対して様々な手段や対策を講じたとしても、とうてい不足分を満たすことは難しいと結論づけているのである。

人手不足を補うために、トラックドライバーの疲弊度も高まるばかりだ。総合人事・人財サービスを展開するアデコが行った、全国の道路貨物運転手４００人（長距離運転手２００人、短距離運転手２００人）を対象にした働き方に関する調査結果（２０１９年）を見てみよう。

　トラックドライバーの４割以上が十分な睡眠や休憩の時間を「取れていない」と回答しており、さらにそのうちの約５割が「睡眠不足や疲労が原因で事故を起こしたこと、もしくは起こしそうになったことがある」と回答している。身の毛がよだつ数字である。

追い打ちをかけるようだが、統計の対象から外されている倉庫業務従事者の人手不足も加速している。トラックドライバーの人手不足が脚光を浴びているのに対して、公的調査や民間調査データが整っていない倉庫業務従事者の人手不足はほとんど表面化せず、世間一般の関心や問題意識は低い。そのため、解決策が生まれず、対策も進んでいない。手つかずの状態で放置されている倉庫業務従事者も、物流業界が抱える大きな問題の一つだ。

物流業界を支える人材が著しく不足し、この流れがさらに加速する未来に向けて、物流業界はいま何をすべきか。

労働力不足の救世主として自動化が叫ばれているが、残念ながらこの領域において日本は明らかに後れを取っている。

日本はおそらく世界一の個別最適天国だ。標準化が進まず、パレット、段ボール、ペットボトルなど、規格が統一しきれていない。

例えば、ペットボトルを取り上げてみても、日本には呆れるほど様々な種類が存在している。ボトルのフォルム、大きさなど、消費者や流通側のニーズに応えるために開発された異なる規格のペットボトルは自動化にはまったく不向きだ。多種多様な規格を判別できるセンサーを導入するとなると多額の追加コストを覚悟しなければならない。結果として、人材不足を解決し、コスト削減に繋がるはずの自動化が高コストを招く。

その点、海外のそれらは規格がかなり統一されており、シンプルだ。シンプル・イズ・ザ・ベスト。物流の工程を自動化しやすいというメリットは大きい。個別対応された豊富なバリエーションは自動化を阻む壁なのだ。

輸配送の厚遇サービスも日本特有の問題といっていいだろう。主に欧米のＢ２Ｂでは、受け手である企業顧客が配送費用を負担し、商品を引き取りに行くスタイルが一般的だ。そのため、企業顧客がおのずと輸配送方法の効率化を意識し、実施する。

一方、日本では荷主が費用を負担し、荷物を届けるのが慣習になっている。だから、輸配送自体の効率化について企業顧客の関心は向きづらい。効率化を図っても、図らなくても、特にコストが変わらなければ、無頓着になって当然である。

加速する人手不足、自動化の壁、荷主が費用を負担する慣習。こうした問題が複合的に重なって、物流業界の問題をより深刻化している。このままでは本当にまずい。本当に立ち行かなくなってしまう。物流サービスの安定化は黄色信号を通り越して、赤信号が点滅している。

だが、明るい兆しがないわけではない。国が推進している「ホワイト物流」推進運動の賛同企業は続々と増え続け、２０１９年10月末で６００社を超えている。それだけ強い危機意識を持ち、いまこそ行動を起こさなければならないと覚悟を決めた企業が増えているからだろう。物流クライシスにストップをかけることは容易ではないが、ようやく国も業界も個々の企業も動き始めた。遅くはあるが、手遅れではない。エンドユーザーである一般消費者への周知は今後の課題ではあるが、確実に良い流れが生まれている。危機を認識し行動するムーブメントが高まってきたことは物流業界を明るく照らす材料といえるだろう。

他業界の動きではあるが、コンビニも変わりつつある。人手不足などを理由に、24時間営業の見直しを求める声が一部のフランチャイズ加盟店の間で高まったことを受け、大手コンビニチェーン本部は営業時間を短縮する実証実験店舗を増やし、省人化設備の導入を増やすといった行動計画を発表。徐々に行動に移している。コンビニといえば24時間営業が当たり前。この常識が、まだ一部にすぎないとはいえ、塗り替えられようとしているのだ。

高度なサービス業の最先端ともいえるコンビニが働き手側の要望を受けて、あえてサービスの抑制に踏み切った事実は、いまの世の中の流れを端的に示している。働き方改革が進み、労働に対する人々の意識は大きく変わりつつある。どの業界もこの変化を無視することはできないはずだ。物流業界もいまこそ、サービスレベルのあり方について真剣に考えるべき時期だろう。

本書でも繰り返し述べてきたが、物流サービスの安定的な供給を実現するには、物流会社、荷主、顧客の三者が一体となり、それぞれのやるべき役割を果たして共通のゴールに向かっていくしかない。

どれか一者だけではいけない。二者でもいけない。荷物を出す荷主、物流サービスを提供する物流会社、荷物を受け取る顧客。この三位一体での取り組みが不可欠だ。ぜひ危機意識を持って困難に立ち向かってほしい。現状を打破して、物流サービスの安定化を成し遂げよう。本書がそのための一助となれば幸いである。

【著者紹介】
岡　卓也（おか　たくや）
物流コンサルタント

イー・ビー・ソリューションズ株式会社
マネージング・コンサルタント
総合コンサルティングファーム、大手IT企業を経て、2018年イー・ビー・ソリューションズ株式会社に入社。これまで物流・ロジスティクス領域を中心とした戦略立案から、現場密着型の現場改善支援まで幅広くサポート。
昨今は、物流・ロジスティクスの整流化や効率化から「物流サービスの安定供給」に主眼を置いたコンサルティングや、セミナー・研修講師として活動中。
趣味は、真冬の自然を満喫できるスノーボード。

物流業界立て直しバイブル

2020年2月20日発行

著　者――岡　卓也
発行者――駒橋憲一
発行所――東洋経済新報社
〒103-8345　東京都中央区日本橋本石町1-2-1
電話＝東洋経済コールセンター　03(6386)1040
https://toyokeizai.net/

装丁……………中村勝紀
ＤＴＰ…………朝日メディアインターナショナル
印刷・製本……藤原印刷

ISBN 978-4-492-96175-9